O BEIJO DE
10 SEGUNDOS

O BEIJO DE
10 SEGUNDOS

Ellen Kreidman

Tradução:
Nivaldo Montingelli Jr.

Direção Geral:	Julio E. Emöd
Supervisão Editorial:	Maria Pia Castiglia
Revisão de Texto:	Maria Lúcia G. Leite Rosa
Assistente de Edição e Capa:	Grasiele L. Favatto Cortez
Revisão de Provas:	Carla Castiglia Gonzaga
	Daniela Sayuri Yamada
Editoração Eletrônica:	Mônica Roberta Suguiyama
Fotografia da Capa:	Altafulla/Shutterstock
Impressão e Acabamento:	Log&Print Gráfica

Dados Internacionais de Catalogação na Publicação (CIP)
(Câmara Brasileira do Livro, SP, Brasil)

Kreidman, Ellen
  O beijo de 10 segundos / Ellen Kreidman ; tradução Nivaldo Montingelli Jr. -- São Paulo : HARBRA, 2018

  Título original: The 10-second kiss
  ISBN 978-85-294-0327-4

  1. Amor 2. Casamento - Aspectos psicológicos 3. Excitação sexual 4. Intimidade (Psicologia) 5. Sexo no casamento I. Título

07-2694   CDD-646.78

Índices para catálogo sistemático:
1. Amor e sexo no casamento : Relacionamento : Vida familiar   646.78

O Beijo de 10 Segundos
Copyright © 2018 por **editora HARBRA ltda**.
Rua Joaquim Távora, 629 – Vila Mariana
04015-001 São Paulo – SP
Tel.: (0.xx.11) 5084-2482. Fax: (0.xx.11) 5575-6876
www.harbra.com.br

Todos os direitos reservados. Nenhuma parte desta edição pode ser utilizada ou reproduzida – em qualquer meio ou forma, seja mecânico ou eletrônico, fotocópia, gravação etc. – nem apropriada ou estocada em sistema de banco de dados, sem a expressa autorização da editora.

ISBN: 978-85-294-0327-4

Impresso no Brasil   *Printed in Brazil*

ATENÇÃO!
NÃO LEIA ESTE LIVRO, A MENOS QUE:

- Você deseje ter sentimentos calorosos, amorosos e ternos com relação ao seu companheiro.
- Você queira sentir mais paixão, entusiasmo e intimidade com a pessoa amada.
- Você queira continuar a ter os sentimentos que tinha quando se apaixonou.
- Você deseje sentir-se profundamente ligado(a) e seguro(a) com seu companheiro(a).
- Você queira ter uma vida sexual mais satisfatória e prazerosa.

REPITO: NÃO LEIA ESTE LIVRO
A MENOS QUE DESEJE
SENTIR PAIXÃO, PRAZER
E ALEGRIA COM O
AMOR DA SUA VIDA!

Este livro é dedicado ao meu marido Steve – o homem mais bondoso, amoroso, paciente e solidário que conheço.

Criamos juntos três filhos maravilhosos, que nos alegram todos os dias de nossa vida.

Sinto-me hoje mais atraída e mais apaixonada por ele do que quando nos apaixonamos na escola.

Fico feliz por termos mantido a promessa que fizemos no altar há trinta e um anos, porque nunca poderia ter conhecido esta felicidade sem ele.

Adoro acordá-lo todas as manhãs e lhe dar um beijo de dez segundos todas as noites.

CONTEÚDO

Agradecimentos	11
Prefácio	15
Introdução	17
1. O beijo de 10 segundos	31
2. O elogio de 5 segundos	53
3. A conversa de 30 minutos	73
4. O abraço de 20 segundos	93
5. A sedução de 60 minutos	115
6. A fantasia de 2 horas	135
7. A rapidinha de 3 minutos	157
8. A gargalhada de 2 minutos	179
9. O dia de 24 horas	199
Conclusão	221

AGRADECIMENTOS

Serei eternamente grata pela bênção de ter tido em minha vida as seguintes pessoas:

Meus pais, que me proporcionaram uma infância segura e um ambiente em que pude me desenvolver e crescer.

Martha Wolf, a mãe que toda filha sonha em ter. Sua generosidade, compreensão e seu senso de humor influenciaram minha vida de diversas maneiras.

Minha filha Tara, que ilumina cada dia de minha vida e dá sentido a meu viver. Seu entusiasmo, sua generosidade e sua consideração fazem com que me lembre da sorte que tenho por ela ser minha filha. Suas ideias e seu incentivo desde o início ajudaram a aguçar meus pensamentos a respeito deste livro.

Minha filha Tiffany, que traz alegria e riso à minha vida. Ela me faz lembrar de quanto é divertido ser mãe. Seu amor incondicional e seu apoio constante me deram força adicional quando precisei dela. Seus comentários e sugestões me ajudaram a esclarecer muitos pensamentos e ideias sobre o assunto deste livro.

Meu filho Jason, que enriqueceu minha vida com seu amor e entusiasmo. Sua energia, dedicação e compaixão ilimitadas me enchem de orgulho. Desde que entrou para a empresa, sua abordagem visionária, seus pensamentos criativos e suas ideias novas têm fornecido o combustível necessário para levar minha mensagem a um nível mais alto e me deram a liberdade para escrever este livro.

Meu irmão Harvey e minha cunhada Susan, que têm me dado seu amor e apoio e fizeram de mim uma tia orgulhosa dos seus belos filhos Matthew e Allison.

Minha cunhada Bárbara e Dale, seu marido, que me proporcionaram muito conforto e companheirismo durante épocas difíceis.

Bill Hartley, "o Presidente do Universo", um criterioso editor que sempre faz sugestões com o máximo de tato e melhorou os originais em cada etapa do caminho. Como editor solidário, seu entusiasmo e a crença de que eu poderia terminar este projeto dentro do prazo foram contagiantes. Mais importante, no nível pessoal, Bill é um homem de bom coração que tocou profundamente minha vida.

Kathy Dawson, que é um exemplo vivo dos princípios que ensino. Suas horas infindáveis de dedicação, energia e seu talento criativo foram uma obra de amor. As histórias com as quais contribuiu deram vida aos meus conceitos, pensamentos e ideias.

Sandra Caton, cuja mente brilhante e intuitiva trouxe foco e clareza ao texto.

Jeff Salberg, CEO da MSI Inc., que é um exemplo de coragem, honestidade e integridade, e acreditou que minha mensagem valia o risco da produção de um comercial de TV para ser veiculado em âmbito nacional.

David Bergstrom, presidente da MST Inc., cuja sabedoria, criatividade e bom senso para negócios ajudaram minha mensagem a atingir um público maior. Ele me ensinou que o trabalho duro e a diversão caminham lado a lado. Com sua competente liderança, determinação e presciência, meu sonho tornou-se realidade.

Katie McCarthy, vice-presidente executiva da MSI Inc., cuja direção excelente fez com que eu desse mais do que pensava poder oferecer. Suas infindáveis horas de edição, acertos e contribuições criativas constituem a razão do sucesso dos meus comerciais. Admiro seu entusiasmo, sua determinação e seu talento.

Andy Foreman, que ajudou a registrar e organizar minhas aulas em fitas cassete quando comecei a lecionar. Ele continua a me apoiar, no papel de responsável pela produção e embalagem de toda a minha linha de produtos. Aquilo que começou como uma aliança profissional transformou-se, ao longo dos anos, em uma maravilhosa amizade.

Frankie Wright, cujo incentivo diário e crença em mim ajudaram-me a disseminar minha mensagem e a lotar meus seminários. Sua amizade e dedicação tiveram papel importante em minha cura.

Dr. Neil Barth, meu oncologista, um dos homens mais notáveis que já tive o prazer de conhecer. Ele é um verdadeiro médico, em todos os sentidos da palavra. Está sempre disponível, nunca apressa seus pacientes, dedica atenção total, responde a todas as perguntas e nos dá esperança. Não tenho dúvidas de que recebi os melhores cuidados possíveis por ter um médico que tem uma mente brilhante, uma atitude positiva e um grande coração.

A equipe de enfermagem do consultório do Dr. Barth – profissionais competentes e dedicadas que trabalham incansavelmente para dar o maior conforto e bem-estar a seus pacientes. Em particular, as enfermeiras Kelly Ditmore, Cheryl Ohlhaver, Lisa Werkmeister, Sue Shultes e Susann Voyer.

Toda a equipe do Hoag Cancer Center and Hospital, que acredita que a qualidade do atendimento e a qualidade da atenção são, ambas, importantes serviços de saúde.

Todos os homens e mulheres que dedicaram tempo a escrever para mim a respeito de suas experiências e das mudanças ocorridas em consequência de minhas aulas, de minhas fitas cassete, de meus vídeos, ou de terem participado de meus seminários. Sem suas histórias, este livro não poderia ter sido escrito.

PREFÁCIO

Quero lhe agradecer antecipadamente por ler este livro. Sei que isso irá lhe custar muito. Não estou falando do seu dinheiro, mas do seu tempo. Em minha opinião, seu tempo será sempre muito mais valioso do que seu dinheiro. Sabe por quê? Porque, quando você gasta ou perde dinheiro, sempre pode ganhar mais; mas quando perde um dia, você sempre terá um dia a menos e nunca poderá tê-lo de volta. Não importa o quanto você seja influente, educado, bem-apessoado, rico ou pobre, todos nós tivemos ontem vinte e quatro horas e teremos hoje somente vinte e quatro horas.

A vida não é um ensaio de desfile. Não sabemos por quanto tempo ficaremos aqui. Assim, como não teremos mais tempo, as perguntas que devemos fazer são: "Como posso obter mais do tempo de que disponho agora?" e, mais importante, "Como posso obter mais do tempo que passo com meu companheiro?"

Não acredito que as coisas aconteçam por acaso. Acho que, se você me viu na TV ou me ouviu no rádio, se um amigo recomendou a leitura deste livro ou se ele chamou sua atenção na livraria, existe claramente uma razão para que você o leia.

Acredito que este livro tenha chamado a sua atenção porque você precisa descobrir como é fácil ter divertimento, romance, comunicação e paixão em seu relacionamento; como é fácil transformar um relacionamento maçante em um caso de amor apaixonado; como é fácil resgatar um relacionamento, que estava à beira da extinção, de volta aos maravilhosos sentimentos que você tinha quando se apaixonou.

Não é à toa que sou chamada de Fada Madrinha dos Relacionamentos! Nas poucas horas necessárias à leitura deste livro, a varinha mágica do conhecimento irá tocar sua vida. Ao aplicar os princípios aqui aprendidos, você verá resultados imediatos. As mudanças que você busca não irão levar anos, meses ou mesmo semanas para serem atingidas. Em apenas vinte e quatro horas você pode ter o relacionamento com que sempre sonhou. Você e seu companheiro podem se transformar em um casal invejado por todos. E quando tiver acabado de ler este livro, você irá se perguntar por que os especialistas fizeram com que este assunto parecesse tão complicado, quando na realidade ele é tão simples.

Em todo o livro, mostrarei cartas recebidas de pessoas comuns que tiveram resultados extraordinários com os princípios por mim ensinados. Não mudei pontuação, gramática nem a estrutura das frases, porque quero que você leia as cartas como foram escritas, do coração. Mudei os nomes para proteger a privacidade de quem as escreveu.

Espero que a próxima carta que eu receber seja sua, contando as mudanças que ocorreram em seu relacionamento após ter colocado em prática aquilo que leu nestas páginas.

INTRODUÇÃO

Isto não Pode Estar Acontecendo Comigo

Quando ouvi as palavras do cirurgião, meu primeiro pensamento foi: "Não. Ele está errado. Isto não pode estar acontecendo comigo".

Em busca de uma saída, achei que talvez tivesse entendido mal.

Mas eu sabia que não. Sabia que ele realmente havia dito "Sinto muito, querida. É câncer".

Um pânico incontrolável me dominou. Não conseguia respirar e meu peito doía tanto que parecia que eu tinha sido atropelada por um caminhão. O sangue deixou de circular em minha cabeça e fiquei com medo de desmaiar na cadeira. Parecia impossível que, momentos antes, eu estava brincando e rindo com o médico, certa de que a biópsia era uma perda de tempo e dinheiro.

"Oh, meu Deus", gritei. "Por favor, diga que não é verdade! O que irei dizer a Steve?"

Meu marido estava na sala de espera conversando com um estranho, sem ter ideia do terror que me dominava. Como iria contar a ele, ao homem que eu amava desde a adolescência, que eu acabara de ouvir o que parecia minha sentença de morte?

Minha História de Amor

Steve e eu nos conhecemos no curso colegial e em pouco tempo nos apaixonamos. Eu tinha dezesseis anos e ele, dezessete. Formávamos uma grande equipe e passávamos juntos praticamente todo o tempo em que estávamos acordados. Eu o ajudava com as lições de inglês e ele me ajudava com as de matemática. Nossos pais achavam que éramos jovens demais para levar a sério um relacionamento; demos ouvidos a eles e acabamos nos separando e indo para faculdades diferentes. Embora saíssemos com outras pessoas, nenhum de nós conheceu alguém que chegasse perto de evocar os sentimentos que tínhamos um pelo outro. No último ano de faculdade, ficamos noivos e nos casamos logo depois da formatura.

Nos anos que se seguiram, nossa vida havia sido boa, mas longe de perfeita – talvez melhor que muitas, mas tínhamos nossos problemas. Tivemos problemas financeiros, tragédias, desapontamentos e perdas, mas nunca havíamos enfrentado uma doença potencialmente fatal.

Estávamos em 1991. Encontrava-me no topo do mundo. Meus dois livros, *Emoções* e *Desejo**, tinham se tornado *best-sellers*. Eu era solicitada para debates na TV e ganhava muito como palestrante. Então, no auge de minha carreira, meu mundo estava sendo virado de pernas para o ar. Um dia eu estava tendo uma vida de sonho e no outro vivia um pesadelo que não terminava. Estava com quarenta e sete anos e, como o câncer estava em estado avançado e havia se espalhado para o sistema linfático, tinha somente 30 por cento de chance de sobrevivência. Ia passar por uma mastectomia, seguida por meses de quimioterapia, e fui avisada de que teria sorte se saísse viva.

A cirurgia ocorreu no dia seguinte. Não havia tempo a perder, nem para me acostumar com a ideia de que estava perdendo um seio. Naquelas circunstâncias, não foi muito difícil eu me convencer de que era uma troca justa – um seio pela minha vida. Depois de uma recuperação acidentada, com alguns problemas que exigiram nova internação no hospital, eu já estava pronta para a etapa seguinte – a quimioterapia.

KREIDMAN, ELLEN. *Emoções* – desperte paixão e desejo no homem que você ama! Tradução de Nivaldo Montingelli Jr. São Paulo: HARBRA, 1995. 152 p.
KREIDMAN, ELLEN. *Desejo* – transforme a mulher de sua vida na amante que você sempre quis! Tradução de Nivaldo Montingelli Jr. São Paulo: HARBRA, 1995. 180 p.

Mais que um Dado Estatístico

Meu marido e eu começamos a procurar um oncologista a quem pudéssemos confiar minha vida. Passamos por meia dúzia de médicos que fizeram um prognóstico desfavorável e deram pouca esperança de sobrevivência antes de encontrar finalmente um que nos desse esperança. Quando perguntamos ao Dr. Neil Barth, de Newport Beach, Califórnia, quais eram minhas chances de sobrevivência, ele respondeu: "Uma forte vontade de viver é muito mais importante que uma taxa numérica de sobrevivência", e soubemos que nossa busca estava concluída. Tive a sorte de ter encontrado um médico que me considerava mais que uma estatística. Mesmo que eu fosse morrer, eu não queria que o tempo que me restava fosse uma experiência negativa e sem esperança. Estou convencida de que a principal razão para eu ter me saído tão bem foi o fato de contar com um médico muito positivo e solidário em sua forma de me tratar.

Quando iniciei a quimioterapia, eu conseguia ignorar meus temores durante o dia, enquanto me mantinha ocupada. Mas, à noite, era mais difícil. Eu acordava com frequência e no silêncio da noite meus pensamentos me aterrorizavam. Steve tentava me confortar, segurando-me em seus braços enquanto chorávamos até dormir de novo. Eu precisava desesperadamente de uma forma de calar a voz em minha cabeça que continuava a me assustar com pensamentos sombrios.

Milagrosamente, exatamente quando eu estava chegando à exaustão total pela falta de sono e estava certa de que nunca mais iria dormir em paz, chegou um pacote pelo correio. Era uma caixa de fitas de áudio, enviada por um homem que eu só conhecia por algumas conversas por telefone. Bill Hartley, que havia publicado uma versão condensada de meus programas em fitas cassete, soube de minha doença e decidiu me enviar algumas fitas de autoajuda. Elas eram as melhores que havia no campo de mente-corpo e incluíam os pensamentos do Dr. Bernie Siegel, do Dr. Carl Simonton e do Dr. Paul Pearsall. Essas vozes inspiradoras passaram a ser minhas companheiras constantes e, quando me deitava à noite, ouvia as fitas repetidamente; começava a sentir esperança em vez de desespero e finalmente conseguia dormir. Mais tarde, quando tive forças, escrevi a Bill para lhe contar sobre o impacto que as fitas tiveram em minha vida e para agradecer-lhe por sua generosidade, vinda praticamente de um estranho.

Na época, nenhum de nós sabia que ele um dia viria a ser o editor deste meu quarto livro.

Uma Razão para Comemorar

No ano seguinte, alterei completamente meu estilo de vida. Meu desejo de viver era tão grande que eu estava disposta a fazer qualquer coisa que melhorasse minhas chances. Uma vez concluídos a quimioterapia e outros tratamentos prescritos pelos médicos, tornei-me uma grande entendida em dietas e hábitos saudáveis. Depois de um regime severo de dieta, exercícios e preces diárias de gratidão, minha saúde melhorava a cada dia. De fato, eu nunca me senti tão bem e, em 1992, escrevi *How Can We Light a Fire When the Kids Are Driving Us Crazy?* O livro foi publicado no ano seguinte e teve o título mudado para *Is There Sex After Kids?* quando foi lançado em brochura. Ele mostra como os pais também podem ser amantes. Steve e eu estávamos mais próximos do que nunca, nossos três filhos maravilhosos continuavam a crescer e a prosperar, e a vida estava começando a voltar ao normal.

Dois anos mais tarde, Steve e eu estávamos em férias no Havaí, gozando a vida e comemorando três anos e meio sem câncer. Lembro-me de estar em pé no terraço do nosso quarto de hotel, que dava para as águas azuis do oceano Pacífico, e sentindo a suave brisa no rosto. De repente senti-me cheia de gratidão pela preciosidade do momento. Olhei para o céu e disse: "Meus Deus, obrigada por ter devolvido minha saúde. Tenho muita sorte por estar viva". Eu não imaginava na ocasião que logo o mundo iria cair novamente sobre mim.

Uma Luta pela Sobrevivência

Pouco depois do nosso retorno, em fevereiro de 1995, um exame de rotina revelou outro nódulo. Testes posteriores confirmaram uma recorrência de câncer de mama. Meu oncologista achava que a única chance de sobrevivência seria um transplante de medula óssea. "Não, não", sussurrei chorando. "Isto não pode estar acontecendo de novo!"

Quando cheguei em casa, tudo que pude fazer foi gritar repetidamente: "Oh, meu Deus, o que fiz para merecer isto?" Meu medo havia se transformado em raiva e muito tempo se passou até que eu conseguisse permitir que Deus entrasse novamente em minha vida.

Aquilo seria o fim? Eu iria morrer daquela doença? Sentia-me infeliz em pensar que poderia não ver meus filhos se casando e tendo seus filhos. Era inimaginável que a vida com meu marido pudesse terminar. Como poderia ele viver sem mim? Tínhamos sempre sido inseparáveis! Eu queria desesperadamente viver.

Minha primeira luta contra o câncer exigiu muito de mim. Eu temia que meu corpo de cinquenta anos, que já tinha passado por tanta coisa, não conseguisse sobreviver a outro ataque – mais mortal que o primeiro. Também havia considerações de ordem prática. Durante certo período, foi questionado se nosso seguro-saúde iria pagar pelo tratamento. Houve muitas negociações antes que, finalmente, nos fosse garantido que o tratamento seria coberto.

Antes que o transplante pudesse ser realizado, precisei me submeter a mais drogas e a sessões infindáveis de quimioterapia. Minha medula precisou ser colhida antes do tratamento. Não foi fácil, acredite, mas desta vez eu já sabia o quanto é difícil permanecer focalizado na cura quando seu corpo está tão surrado e desgastado.

Determinada a me preparar mentalmente para minha II Guerra Mundial pessoal, armei-me com todos os livros e fitas cassete que tivessem algo a ver com a cura da mente e do corpo. Louise L. Hay, Deepak Chopra, Wayne W. Dyer e dezenas de outros especialistas encheram minha mente com pensamentos positivos e a crença de que eu conseguiria superar aquilo. Depois que passou minha raiva inicial, também conversei muito com Deus e soube que ele estaria comigo em cada passo do caminho. Sendo uma grande crente no poder da oração, sempre que alguém perguntava o que podia fazer por mim, eu respondia: "Reze".

Uma Razão para Viver

Em junho de 1995, fui internada no Hoag Hospital, em Newport Beach, CA, para o transplante de medula óssea.

Serei sempre grata à chefe da minha filha pelo melhor presente que recebi desejando minha cura: ela mandou ampliar uma foto da família, tirada em tempos mais felizes, para o formato de pôster, e o enviou para mim pouco antes de eu ir para o hospital. Levei aquela bela foto comigo e a pendurei diante do meu leito no hospital. Ver aquela foto de meu marido e dos filhos sorrindo todas as vezes que abria os olhos era uma lembrança constante de minhas razões para viver.

Enquanto estive internada, esperava as visitas diárias de meu marido e seu terno beijo como se estivesse morrendo de fome. Seus beijos tinham um forte poder curativo sobre mim. Por mais fraca que estivesse, seus beijos sempre me davam vida nova. Eles eram doces e gentis, e sempre me faziam lembrar do quanto era amada. Lá estava eu – careca, sem sobrancelhas nem cílios – ligada a aparelhos e sentindo-me feia, inútil e desamparada, e ele ainda queria me beijar! Que afirmação de amor. Eu precisava recuperar as forças para retribuir seu amor.

E eu consegui! Com a ajuda de um médico brilhante e uma equipe de enfermeiras dedicadas, com o amor de meu dedicado marido e de meus filhos e as poderosas preces de amigos próximos e distantes, posso comemorar novamente o fato de ter me livrado do câncer.

Fazer mais Benefícios

Quando recebi o primeiro diagnóstico de câncer, rezei por um milagre. Hoje compreendo que cada dia é um milagre. O fato de ter de enfrentar a morte fez-me compreender o quanto a vida é frágil e imprevisível, e como eu tenho sorte por estar aqui para gozá-la. Também fortaleceu minha convicção de que o amor é realmente a única coisa que importa. Acredito que ele seja a principal razão pela qual somos postos na Terra.

Também me lembro de ter prometido a Deus que, se Ele me concedesse um milagre e eu sobrevivesse, dedicaria o resto da minha vida a dividir com o maior número possível de pessoas a alegria de dar e receber amor. Nunca subestime o poder da oração!

Um dia, cerca de seis meses depois do meu transplante, recebi um telefonema da MSI Inc. convidando-me para fazer um comercial. Em uma entrevista de trinta minutos, eu explicaria os benefícios de meus programas em fitas cassete, *Light His Fire*, *Light Her Fire* e *Light Your Fire*. Concordei, sem imaginar que iria influenciar tantas vidas em consequência daquilo. Até hoje, já foi vendido mais de um milhão desses programas.

Em minha opinião, tantas pessoas rezaram por mim que Deus deve ter dito: "Muito bem, darei a ela uma boa saúde, deixarei que ajude as pessoas em seus relacionamentos e também lhe darei um pouco de dinheiro". Sinto-me abençoada por ter uma carreira pela qual sou apaixonada e a força para criar esses programas capazes de mudar vidas.

Tarde Demais ou em Tempo

Recebo um volume incrível de correspondência dos Estados Unidos e também de muitos outros países. Em sua maioria, as cartas pertencem a duas categorias: as que dizem que o remetente ficou sabendo de meus programas tarde demais para se beneficiar com eles e as que agradecem pela ajuda recebida.

Algumas pessoas perguntam: "Onde estava você há um, dois ou três anos, quando realmente precisei de você?" Sinto sua dor e frustração. É muito perturbador saber que eu não estava disponível para ajudar a salvar um relacionamento, mas sei que agora elas dispõem das informações necessárias para fazer funcionar o próximo relacionamento. Muitas chegam a admitir que nunca me teriam dado ouvidos se não tivessem antes sofrido a dor de perder um ser amado.

Recebi uma dessas cartas de Joe, um homem que simplesmente não recebeu as informações em tempo.

> *Acabei de ouvir seu programa em fitas cassete* Light Her Fire, *de que gostei muito, mas ele me deixou mal. Vou explicar. Quase tudo o que você dizia para fazer, eu fiz o oposto. Fui um idiota. Comprei suas fitas para tentar descobrir por que meus relacionamentos simplesmente não duram muito. Tenho quarenta e seis anos, um bom emprego, pratico esportes, danço bem e as mulheres dizem que tenho boa aparência e um bom senso de humor. Fui casado duas vezes e, nos dois casos, minhas mulheres me deixaram por outros homens! O que há de errado comigo? Bem, agora conheço pelo menos algumas das razões pelas quais meu último casamento fracassou. Aqui estão algumas.*

Eu não fazia as pequenas coisas, como ligar para ela durante o dia para saber como estava indo e dizer o quanto eu a amava. Não levava flores para casa de vez em quando nem lhe dava um cartão se não fosse uma ocasião especial. Nunca dei muita importância ao seu aniversário e a outras datas. Para mim, era sempre difícil sair para comprar qualquer coisa. Sempre comprava a primeira coisa que encontrava, e ela sabia disso. Eu não a colocava em primeiro lugar em minha vida. Meus amigos e meu trabalho tinham prioridade. Nos fins de semana, eu sempre estava malvestido e com barba por fazer. Como me barbeava todos os dias para ir trabalhar, achava que não era necessário. Errado! E, finalmente, fazíamos sexo, nunca amor. Eu era muito egoísta e quando obtinha o que queria, estava terminado. Fico surpreso por elas terem ficado tanto tempo comigo.

Mas você me ensinou o que eu precisava fazer. A próxima mulher com quem eu sair terá realmente sorte por ter me encontrado. Irei tratá-la sempre bem. Não quero terminar meus dias sozinho. Quero fazer com que alguém se sinta especial e quero sentir-me amado. Obrigado por me mostrar o caminho.

Outras cartas que recebo, de gratidão, estão repletas de entusiasmo e testemunhos de vidas mudadas. Relatam mudanças quase milagrosas. Aqui está uma carta de Jeannie, que prova que nunca é tarde para se apaixonar novamente.

Há pouco mais de um mês, meu marido e eu (estamos casados há treze anos) havíamos decidido nos separar. Parentes e amigos sempre disseram que tínhamos um casamento perfeito. Porém, a verdade era que simplesmente fingíamos ser aquilo que os outros achavam que éramos. Éramos ótimos atores!

No dia seguinte àquele em que discutimos seriamente um divórcio, vi um pequeno trecho da sua entrevista na TV com Peter Tomarken. Chamei meu marido para a sala e disse: "Ouça isto". Quando terminou, concordamos em encomendar seus programas Light Her Fire *e* Light His Fire. *Pela primeira vez em anos eu senti esperança. Sabia, naquele momento, que meu marido ainda gostava o suficiente de mim para tentar... que ele ainda me amava e eu ainda o amava.*

Felizmente, seu programa chegou logo. Embora ainda não o tenhamos concluído, precisei escrever esta carta. Em pouco mais de uma semana, meu casamento de treze anos foi transformado. A mudança foi quase instantânea.

Uma noite dessas, em um restaurante, ele inclinou-se sobre a mesa, pegou minha mão e disse chorando: "Quero que você saiba o quanto significa para mim e o quanto eu a amo". Como você diz nas fitas, não importava que alguma coisa em seu programa poderia tê-lo levado a dizer aquilo... ele disse! Antes de sair para o trabalho cada manhã, escuto "amo você" ou "você está bonita hoje", em vez de "deixe o talão de cheques" ou "você tem US$ 5?" Como um garotinho excitado, ele leva uma fita cada manhã e todos os dias fico pensando no que irá acontecer em consequência disso. Em poucos dias já mandei flores ao escritório dele (que também o fizeram chorar), deixei mensagens de amor em sua secretária eletrônica e fiz a ele um cumprimento diferente a cada dia e hoje à noite [uma terça-feira] *minha mãe está com nossa filhinha para que possamos jantar e passar a noite a sós. Mal posso esperar!*

Agora você sabe por que nunca acredito quando me dizem que um casal está à beira do divórcio.

Eis aqui outra carta como prova de que, por piores que as coisas estejam, sempre existe esperança.

Não dá para dizer o quanto suas fitas têm me ajudado. Elas mudaram toda a minha vida. Aprendi muito a respeito de relacionamentos. Vou lhe contar um pouco a meu respeito. Tenho vinte e cinco anos e três filhos, uma garota de seis, um garoto de quatro e recentemente adotamos minha sobrinha de treze anos. Estamos casados há seis anos e quase nos divorciamos. A situação parecia não ter mais jeito. Ele era frio e egoísta e não havia romance em nosso casamento. Meus aniversários chegavam e iam. Chegamos a brigar certa vez, por-

que ele nem se lembrou de meu aniversário. Bem, muita coisa se passou desde então. É como se eu tivesse tirado as vendas de meus olhos. Sinto-me tão bem!

Sigo suas fitas passo a passo, fazendo tudo o que você diz, e funciona. Não só eu sou uma pessoa mais feliz, mas também meu casamento está melhor do que nunca. Não fico estressada o tempo todo e, como você disse, agora minha taça de amor está cheia o tempo todo.

Ellen, tenho tanto para lhe contar, mas acho que você não tem tempo para ler um livro. Tenho uma história sobre a fita Romance É uma Decisão*. Bem, vesti uma roupa sexy e acendi algumas velas com música de fundo suave e borrifei um pouco de perfume na sala (eu havia mandado todas as crianças para a casa do meu pai). Meu marido estava tomando banho enquanto fiz tudo isso e, quando chegou à sala, arregalou os olhos. Uau, como ele se animou... Eu precisava agradecer pela sua ajuda. Quando terminou a última fita, senti como se uma amizade tivesse acabado. Preciso dizer que sinto falta da nossa conversa. Muito obrigada, com toda a sinceridade do mundo. A propósito, na noite em que meu marido e eu fizemos amor à luz de velas, geramos um filho. Estou grávida. Coisas belas podem acontecer.*

A carta de Michel mostra que a persistência compensa.

Preciso escrever para que você saiba que suas informações nas fitas Light Her Fire *salvaram meu casamento e mantiveram unida a minha família. Estávamos separados havia um ano. Eu tinha tentado tudo o que sabia, sem sucesso. Comprei as fitas e comecei a dizer a ela todas as coisas que sentia, mas raramente dizia. Não esqueça de que estávamos perto da última audiência para terminar nosso casamento. Eu simplesmente comecei a abraçá-la e dizer que ela significava muito para mim. Ela me dizia para parar, mas eu dei ouvidos a você e não a ela.*

Cerca de um mês depois que comecei a ouvir as fitas e fazer o que você dizia, recebi um telefonema. Ela disse que queria me ver. Lembre-se de que esta era a mulher que não queria sair comigo nem para tomar um café, nem para jantar ou para ir ao cinema em hipótese alguma. Bem, não só fomos jantar e ao cinema, mas também nossa vida sexual está melhor do que foi nos treze anos em que convivemos.

Após um período em que tudo parecia bem, dei-lhe as fitas Light His Fire. *Sei que, como mulher, você quer todos os detalhes, mas como homem preciso ser breve.*

Quem disse que mulheres não podem ser breves? Esta carta de Linda foi curta e doce.

Comprei recentemente suas fitas Light His Fire/Light Her Fire *e preciso contar que, depois de ouvir a primeira, meu marido e eu tivemos uma noite de lua de mel como se tivéssemos vinte anos e fôssemos recém-casados. Estamos casados há quinze anos (é o segundo casamento de ambos) e eu achava que minha falta de interesse sexual se devia ao início da menopausa (tenho quarenta e sete anos). Mas isso não é verdade e você provou. Conheço os princípios de que você fala nas fitas, mas infelizmente nunca os havia integrado à rotina diária. Suas fitas têm me feito lembrar de estar sempre consciente dessas diretrizes e princípios. Aplicá-los significa, muitas vezes, tratar de maneira diferente as pessoas que são importantes em minha vida. Você é um gênio no campo de relações humanas. Muito, muito, muito obrigada.*

A carta a seguir sempre me traz lágrimas aos olhos. Hal nos faz lembrar de que nunca sabemos de quanto tempo dispomos para amar nosso companheiro da maneira que ele merece ser amado.

Divorciei-me em junho e comprei seu programa um mês depois. Comecei a ouvir suas fitas e elas estavam funcionando. Voltei a viver com minha mulher, embora ela ainda não tivesse ouvido as fitas dela. Então, em 24 de agosto, ela morreu afogada em um rio.

Quero lhe agradecer muito pelas fitas. Se minha mulher não tivesse se afogado, teríamos nos casado novamente. Sei agora que nossa vida teria sido melhor que antes, devido ao seu programa. Depois da morte dela descobri que ela estava planejando uma viagem para dois ao Taiti.

Muito obrigado pelo pouco tempo que ficamos juntos antes da morte dela.

Plantando uma Semente

Muitas das pessoas influenciadas por meus seminários ou pelos meus programas em fitas cassete têm expresso interesse em lecionar meu curso de forma que elas também possam influenciar a vida de outras pessoas. Por isso, desenvolvi um curso para futuros professores e hoje as aulas são dadas em todo o país e em outras partes do mundo. Saber que posso multiplicar aquilo que ensino por meio de outras pessoas me dá orgulho e alegria. Uma carta especialmente preciosa para mim foi enviada por Kathy, uma instrutora de meus programas em Cleveland, Ohio. Ela escreveu esta carta às três da manhã do dia em que seria submetida a uma cirurgia. Ainda fico emocionada todas as vezes que a leio. Eis o que ela escreveu:

Pretendo sobreviver a esta operação, mas por via das dúvidas quero que você saiba que fez muita diferença em minha vida e na vida das pessoas que me cercam. Estes quatro anos em que venho lecionando seu programa foram os melhores de minha vida e isto se deve a você.

Nunca irei esquecer o dia em que caí de joelhos em nosso closet e comecei a chorar. Eu estava casada havia cinco anos e tinha dois filhos, ambos ainda de fraldas. Eu amava meu marido e meus filhos, mas minha vida tinha se tornado medíocre e mecânica. Eu queria que meu casamento e minha vida recobrassem o sentido e a paixão.

Lembro-me de ter rezado, ajoelhada no closet: "Meu Deus, por favor, me oriente. Não consigo fazer isto sozinha. Tenho tanto a dar à vida e ao meu marido, mas não sei como. Preciso da sua ajuda".

Recebi ajuda no Natal seguinte, quando meu marido comprou para mim seu livro Emoções – desperte paixão e desejo no homem que você ama! *Depois de lê-lo, comecei a realizar gestos de amor em nosso relacionamento, mesmo sem ter vontade. Eu me sentia sugada por todos, mas fingia estar cheia de energia e me sentindo atraente.*

Depois de poucas semanas me comportando de maneira diferente em relação ao meu marido, ele começou a reagir da mesma maneira amorosa. Em duas semanas eu senti que era realmente importante para ele. BINGO! A vida ganhou significado novamente.

Lembro-me de tê-la localizado em Cleveland para o lançamento de um livro, convencida de que eu deveria ser instrutora do seu curso em minha cidade. Quando disse que me treinaria para isso, você plantou uma semente que se espalhou por milhares de vidas.

Sinto-me privilegiada por ajudá-la a fazer isso. Conheci pessoas que nunca teria conhecido e amado de uma maneira até então inédita.

Você é realmente um veículo por meio do qual Deus trabalha e continuará a trabalhar por muitos anos. Minha vida foi abençoada por ter conhecido você. Com amor, Kathy.

Fico feliz em dizer que Kathy sobreviveu à cirurgia e ainda leciona em Cleveland.

Sei que nem todos querem lecionar ou fazer palestras, mas também sei que todos aqueles que leem este livro terão oportunidade de influenciar, de alguma maneira, a vida de alguém. Foi por isso que eu o escrevi.

Para aqueles que não leram *Desejo – transforme a mulher de sua vida na amante que você sempre quis!*, *Emoções – desperte paixão e desejo no homem que você ama!* ou *Is There Sex After Kids?*, não se preocupem. Começaremos juntos a partir desse ponto. Aqueles que leram meus outros livros ou ouviram meus programas irão reconhecer alguns dos conceitos para mudar a vida que apresentei anteriormente. Porém, a finalidade deste livro é levá-lo a um novo nível de consciência. Afinal, muitos anos se passaram desde que comecei a ensinar esses conceitos e durante esse tempo senti, aprendi, ensinei e vi muitas coisas que desejo transmitir a você.

Existe muito conforto, romance e divertimento em um relacionamento em que você nunca está ocupado demais para estar disponível para o outro. Como meu marido e eu, você também pode conhecer um amor que é tão profundo e completo que nenhuma crise irá separá-los.

Usando os conceitos deste livro, você e seu companheiro podem ser amantes, não apenas por poucos meses ou nos anos de juventude, mas por toda a vida. Nos próximos capítulos, iremos intensificar sua determinação, forçar sua imaginação e explorar mais possibilidades do que você sonhou serem possíveis.

Seu relacionamento é o aspecto mais importante da sua vida. Para mantê-lo como uma coisa especial, siga o Plano K.I.S.S. (Keep It Something Special ou Mantenha-o Especial) no final de cada capítulo. Lá você encontrará instruções específicas sobre como pôr em prática o que acabou de aprender. Lembre-se: como em qualquer empreendimento válido, para obter resultados é preciso fazer exercícios. Sim, serão necessários tempo e esforço de sua parte, mas o esforço vai compensar quando você tiver um companheiro mais amoroso, compreensivo e apaixonado... sempre ao seu lado.

O BEIJO DE 10 SEGUNDOS

1

A contagem mágica

Quando um homem e uma mulher juram se amar "até que a morte os separe" diante do altar, eles acham que ficarão unidos para sempre. O beijo no final da cerimônia é o símbolo dessa união e tem um papel central durante todo o relacionamento do casal. O beijo é a ligação mais íntima possível entre duas pessoas – até mais íntimo que o ato sexual, como explicarei mais adiante neste capítulo.

Infelizmente, com o passar dos anos, a ligação com o companheiro vai perdendo lugar para todos os deveres de rotina que existem em um casamento. Na realidade, tudo deveria ceder lugar ao amor que um tem pelo outro.

Jennifer e Ron não conseguiam lembrar quando seu relacionamento havia mudado. Tudo o que sabiam era que, com dois filhos, duas carreiras e muito pouco tempo, seu casamento estava em perigo. Eles tinham se tornado parceiros de trabalho, em vez de um par romântico. Era o décimo terceiro aniversário de casamento e a mãe de Jennifer havia se oferecido para cuidar das crianças para que eles pudessem ter um fim de semana especial; mas, em vez de irem para um hotel romântico, eles preferiram vir à minha palestra, em busca de um milagre.

Eu tinha pedido que um casal de voluntários do público me contasse qual era o seu maior problema de relacionamento, na opinião deles.

Jennifer e Ron se ofereceram, subiram ao palco e começaram a explicar. "Não temos tempo um para o outro. Vivemos tão ocupados que, no final do dia, damos um beijo rápido no rosto um do outro, resmungamos boa-noite e dormimos", disse Jennifer. "Às vezes – na verdade, com frequência – nem chegamos a nos beijar."

Para encorajá-los, perguntei a Ron por que eles não conseguiam achar tempo para investir no aspecto mais importante da vida deles.

"Bem", respondeu ele, "temos empregos absorventes, que às vezes exigem viagens. Jennifer viaja mais do que eu, pelo menos uma vez por mês, mas quando viajo é por mais tempo, em geral uma ou duas semanas. E temos filhos. Eles precisam ser levados à escola todas as manhãs e apanhados na creche todas as tardes. E é preciso ir ao supermercado, preparar refeições e limpar a casa – Jennifer faz isso enquanto ajudo as crianças com as lições de casa. Você não imagina quanta lição de casa as crianças recebem hoje em dia. Depois que o jantar e as lições estão terminados, procuramos passar algum tempo com as crianças antes de mandá-las dormir. Quando um de nós está viajando, o outro tem de arcar com tudo."

"Nos fins de semana", disse Jennifer, "precisamos limpar a casa, cuidar do jardim, fazer compras, consertos na casa, comprar roupas e materiais escolares para as crianças, e os pais de Ron são idosos; portanto, exigem também uma parte do nosso tempo. E tentamos manter uma aparente vida social, mas não é fácil".

Respondi que podia ver que sem dúvida eles eram pessoas muito ocupadas. Então perguntei: "Vocês acham que conseguiriam achar apenas dez segundos nas suas ocupadas agendas para dedicar ao relacionamento?"

Inicialmente eles riram. Acharam que eu estava brincando. Quando entenderam que a pergunta era séria, ambos responderam "sim" ao mesmo tempo.

Àquela altura, voltei-me para as cinco mil pessoas que estavam no auditório e, gesticulando com as mãos, pedi que todas se levantassem. Ansiosas por uma pausa para esticar as pernas, elas o fizeram. Mas, quando eu disse: "Agora quero que cada um se volte para o parceiro e lhe dê um beijo de dez segundos", houve um rumor de gemido e suspiros. Ignorando isso, acrescentei: "Vou cronometrar o beijo; portanto, não parem antes que eu mande!" Alguém na multidão perguntou em voz alta: "Precisamos fazer isso?"

"Vamos lá", disse eu. "Vocês conseguem. Não é uma tortura. Será divertido e faz parte da palestra. Sim, vocês têm de fazer isto!"

Essa parte da minha palestra, em geral, demora mais tempo do que eu gostaria, mas sempre continuo a persuadi-los até que todos estejam dispostos a participar. Então, começa a contagem mágica quando eles começam a se beijar: mil e um, mil e dois, mil e três, mil e quatro, até mil e dez, e então… "PAREM!"

Os participantes estavam entusiasmados quando eu disse que se sentassem. Eu podia sentir a mudança de ânimo no ar. Havia excitação, calor e eletricidade. "Então, não foi tão mal, certo?", perguntei sorrindo. Aplausos, assobios e saudações assinalaram a aprovação do público. Voltando-me para Jennifer e Ron, perguntei como tinha sido para eles o beijo de dez segundos.

"Eu fiquei realmente constrangida", respondeu Jennifer. "E não apenas pelo fato de estar diante de tantas pessoas. Nós simplesmente não temos mais o hábito de beijar assim, exceto quando fazemos amor. Mas acho que posso me acostumar", acrescentou ela rindo.

Agradecendo pela franqueza deles e pela coragem de subirem ao palco, eu lhes disse que poderiam voltar para seus lugares.

A Conexão

A seguir expliquei ao público que, às vezes, aquilo que começa como um relacionamento apaixonado, com o tempo acaba em amizade. Ficamos tão presos à nossa rotina diária que nos esquecemos de tudo a respeito de manter vivas a intimidade e a paixão. Muitas vezes nem mesmo nos conscientizamos de que essa mudança ocorreu, mas um dia acordamos e percebemos, chocados, que estamos vivendo como colegas de quarto, em vez de amantes.

Viver com um bom amigo significa a existência de respeito mútuo, interesses comuns, companheirismo e segurança, mas não paixão. Essa pode não ser a pior coisa que pode acontecer, mas digo que você pode manter seu melhor amigo e também ter de volta seu amante.

Um beijo de dez segundos todos os dias é uma declaração de que vocês são amantes – não apenas companheiros de quarto. Ele os ajuda a permanecer unidos. Embora você possa dizer ao seu companheiro que o ama todos os dias, o beijo de dez segundos lhe diz: "Ainda estou apaixonada por você".

O beijo de dez segundos tem um efeito mais imediato e incisivo do que qualquer outra lição de casa por mim prescrita sobre o relacionamento. Dado pela manhã, ele dá o tom para o resto do dia. Dado no fim da tarde, ele marca o clima para o resto da noite. Não importa a hora do dia em que se beijem, vocês irão se sentir afetuosos, próximos e ligados. O beijo casual e o beijo na face são maneiras de dizer que nosso relacionamento é agradável, platônico. Para ir do agradável para o apaixonado, você precisa sentir como é realmente delicioso e significativo um beijo de dez segundos.

Uso este exercício em todos os meus seminários porque quero demonstrar às pessoas que não importa se elas queiram ou não se beijar: o resultado do beijo de dez segundos é o mesmo. Elas podem se sentir distantes, aborrecidas, constrangidas, humilhadas ou pouco à vontade antes do beijo. Mas, quando se beijam, o resultado do seu ato é um sentimento de ligação, calor, segurança, ternura e até paixão. Em geral, aqueles que mais resistem são os que gostam tanto do beijo que se recusam a parar, mesmo depois de passado o tempo.

Aja "Como Se"

Algumas pessoas acreditam que precisam se sentir de determinada maneira antes de poder agir desse modo. Como gosta de dizer um conhecido, que gosta de adiar as coisas, "Espero até ficar a fim de fazer algo". Francamente, se esperasse para fazer as coisas até ter vontade, eu nunca faria nada!

Estou propondo um ponto de vista diferente: **Você pode criar amor todos os dias, agindo de forma amorosa e não se preocupando se está ou não se sentindo disposto a amar!**

Quantas vezes você já disse: "Não estou com disposição para...", "Não quero fazer..." ou "Não estou com vontade...", não fez o que tinha de fazer e, por causa disso, sentiu-se mal o dia inteiro?

Por exemplo, eu não gosto de fazer exercícios. Prefiro ler. Mas sei que o exercício é bom para mim e, agora que estou mais velha, sinto realmente que é importante praticar algum tipo de exercício todos os dias. Mas, toda manhã quando acordo, meu primeiro pensamento é sempre: "Não estou com vontade hoje", "Está calor demais" ou "Está frio demais". Eu nunca acordo e penso: "Ah, que bom. Vou fazer exercícios agora". Contudo, eu me levanto, escovo os dentes, penteio o cabelo, coloco os tênis e o abrigo e começo os exercícios. Dez minutos de alongamento, dez minutos de exercícios de solo e uma caminhada rápida de um quilômetro e meio todos os dias, chova ou faça sol, esteja ou não cansada. O fato surpreendente a respeito desse ritual é que, independentemente de como me sinta antes do exercício, sempre me sinto bem depois. Sinto-me orgulhosa de mim mesma, cheia de energia e pronta para enfrentar o dia.

Essa é a questão. Se eu esperasse até ter vontade, ficaria na cama o dia inteiro, porque é isso que tenho vontade de fazer quando acordo de manhã. Você pode imaginar como eu me sentiria mal se agisse de acordo com minha vontade, em vez de fazer o que sei que é bom para mim?

Outro exemplo: Não quero limpar a casa. Detesto tarefas domésticas. E faço isso há muito tempo. Qual é a expressão? "Já estive aqui, já fiz isso!", mas aprendi que se simplesmente começo a limpar, apesar de estar pensando "Preferia estar na praia" ou "Um dia terei uma empregada!", logo acabo o serviço e sinto uma sensação de realização e meu humor melhora.

Acredite se quiser, compras também estão na lista de coisas que não gosto de fazer. Como me envolvo em muitos projetos criativos – escrever, fazer palestras e aparecer na televisão –, nem gosto mais de comprar roupas. E nunca quis ir ao supermercado. Mas, se esperasse até ter vontade, provavelmente estaria nua e morreria de fome! Assim, independentemente de como me sinto, compro uma roupa nova para me apresentar na televisão ou fazer uma palestra e faço minhas compras semanais no supermercado. E posso não gostar na hora, mas fico satisfeita com o que fiz, quando abro a geladeira e vejo comida lá dentro.

Não estou dizendo que devemos ignorar nossos sentimentos, mas com frequência é possível mudá-los, mudando nossas ações. Lembro-me de que, quando comecei a dar aulas, decidi participar da primeira Conferência das Mulheres da Comarca de Orange. Apresentei dois seminários durante o dia e aluguei espaço para promover minhas aulas.

Terminada minha apresentação da tarde, eu estava guardando meus materiais quando a coordenadora do programa me viu. Ela aproximou-se e, com um tom de voz desesperado, disse: "Ellen, que bom que ainda está aqui. Temos um problema. Nossa principal oradora não apareceu e temos mil pessoas esperando por uma apresentação. Você poderia substituí-la?"

Confusa, eu disse: "Você está louca? Você programou a comentarista mais popular da cidade para essa palestra. As pessoas estão esperando para ouvir a respeito da vida dela e suas realizações. E eu subo lá e fico quarenta e cinco minutos falando sobre relacionamentos!"

Começando a entrar em pânico, olhei à minha volta e constatei que todos os outros apresentadores haviam guardado seus materiais e já estavam no auditório à espera da palestra de encerramento. Naquele momento, senti vontade de fugir sem olhar para trás. Mas, em vez disso, disse a mim mesma: "Está bem. Acho que posso fazer isto".

Quando subi ao palco, olhei para aquele mar de rostos e senti terror. Estava acostumada a falar a grupos de vinte e cinco pessoas. Havia mais de mil mulheres lá. Minhas mãos tremiam enquanto eu ajustava o microfone e minha voz falhou quando eu disse: "Não sou a pessoa que vocês vieram ouvir hoje…"

Prossegui falando de minhas experiências e de como elas poderiam melhorar seus relacionamentos. Enquanto apresentava meus pontos de vista e contava casos, fui ganhando energia pelo entusiasmo e pelos risos do público. Ao final dos quarenta e cinco minutos, eu estava adorando fazer a palestra. O público também, porque fui aplaudida em pé.

Pela primeira vez, compreendi que era capaz de falar para grandes grupos. Mas nunca teria descoberto isso se tivesse cedido ao meu medo. Aceitando o desafio, apesar da minha insegurança, ganhei a confiança de que necessitava para expandir meus horizontes e levar minha mensagem a outros grupos grandes. Quer se trate de fazer exercícios, limpar a casa ou cuidar dos arquivos, estou certa de que você pode pensar em algo que não gosta de fazer, mas que, depois de feito, você ficará satisfeita.

Experimente, Você Vai Gostar

No ano em que completei quarenta anos, meus filhos decidiram que queriam esquiar nas férias. Como eles são os melhores vendedores do mundo, convenceram meu marido de que aprender a esquiar seria muito divertido para todos nós. Eu não estava tão convencida disso. E a escolha de onde esquiar pelo meu marido também não aumentou minha confiança. Em vez de escolher um lugar com rampas para principiantes, ele nos levou para uma montanha difícil em Utah. Lembro-me de ele ter dito: "Se é para fazer, vamos fazer direito".

Eu nunca havia esquiado na vida e estava petrificada. "Ellen", disse para mim mesma, "se você for louca o suficiente para subir naquela montanha pelo teleférico, dezenas de metros acima do solo, e depois descer sobre duas ripas sem nada para detê-la a não ser uma árvore, acabará ficando paraplégica para o resto da vida. Você nunca mais irá andar nem falar. É velha demais para aprender a esquiar!"

Decididamente, eu não queria esquiar, mas fui assim mesmo. Não queria ter aulas de esqui, mas tive. E sabe de uma coisa? No fim das férias, eu conseguia esquiar; não muito bem, mas conseguia. E estava muito orgulhosa por ter decidido ir, apesar do meu medo.

Muitas pessoas não querem ir trabalhar quando o despertador toca de manhã. Seu primeiro pensamento pode ser: "Ah não, já está de novo na hora de levantar?", ou "Estou tão cansada", ou "Acho que vou dizer que estou doente", ou "Não quero levantar!" Mas você se levanta e, no fim do dia, sente-se produtivo e satisfeito por ter merecido seu pagamento. É fazendo as coisas que nos sentimos bem.

Assim, quando você ler uma tarefa neste livro e não estiver com vontade de realizá-la, faça-a mesmo assim!

Confie em mim quando digo que você vai se sentir muito bem.

Por Favor, Nada de Desculpas

Sempre que estou dando um seminário e apresento novas informações às pessoas, sei que irei ouvir muitas desculpas. Já falei a milhares de pessoas em minha carreira e acho que já ouvi todas as desculpas possíveis.

"É Ellen, é fácil para você, mas…", "Você consegue fazer isso, mas…", "Parece uma boa ideia, mas…", MAS, MAS, MAS, MAS, MAS! Muito bem, vamos tirar o "mas" do caminho imediatamente.

A seguir, são apresentados dez exemplos das centenas de desculpas para não dar ao seu companheiro um beijo de dez segundos que tenho ouvido ao longo dos anos. Aposto que as suas também estão aqui.

- Desculpa 1: Gostaria de dar em minha mulher um beijo de dez segundos quando chego em casa, mas temo estar com mau hálito e aborrecê-la com isso.
- *Solução: Invista em 52 tubos de pastilhas de hortelã, um para cada semana do ano.*

Howard leva clientes para almoçar todos os dias e invariavelmente come algum prato contendo alho. "Quando eu tentava beijar minha mulher ao chegar em casa, ela recuava e dizia, 'Agora não, Howard, você está com mau hálito'. Sentia-me tão rejeitado que me afastava dela", disse ele. "Foi somente depois de participar do seminário *Light Her Fire* que compreendi como aquele beijo era importante; assim, comecei a deixar um tubo de pastilhas no porta-luvas. Agora recuperei a confiança e minha mulher!"

- Desculpa 2: Quero dar um beijo de dez segundos em meu marido quando ele chega em casa, mas não sei beijar e contar o tempo ao mesmo tempo.
- *Solução: Exercite-se com o* timer *do microondas ou do forno até aprender quanto são dez segundos. Se passar dos dez, tudo bem!*

Anita lembra-se da primeira vez em que tentou o beijo de dez segundos no marido. "Eu estava me concentrando tanto em manter os lábios colados aos dele por dez segundos que acabei contando em voz alta enquanto estávamos nos beijando. Lembro que Al afastou-se um pouco e disse: 'Querida, se você quer me contar algo, pode esperar até depois de nos beijarmos'." Anita tentou usar um *timer* para cozer ovos, para ter ideia do tempo em que deveriam se beijar. Ela e Al se concentraram tanto no beijo que nem ouviram o toque do *timer*. Agora o relógio interno deles cuida disso!

- Desculpa 3: Quero dar um beijo de dez segundos em minha mulher quando ela chega em casa, mas os filhos ficam entre nós.
- *Solução: Deixe que fiquem. Que melhor lembrança poderiam ter da infância do que tentar ficar entre papai e mamãe enquanto eles se beijam?*

Quando Jane e Tom praticaram pela primeira vez um beijo de dez segundos, eles tinham uma grande distração – a filha. Todas as vezes em que os lábios deles se tocavam, Meagan, a filha de cinco anos, corria e tentava se enfiar entre eles. "Eu podia sentir seu corpinho entre nossas pernas", disse Tom, "mas, quando senti uma boneca Barbie apertada contra minha virilha, achei que havia limites."

Tom e Jane decidiram que a resposta ao seu problema era usar Meagan como *timer*. E lhe disseram que tão logo visse o pai entrar na sala, ela deveria sentar no sofá e contar lentamente até dez, até que o pai e a mãe acabassem de se beijar. Funcionou! Jane e Tom tiveram seu beijo de dez segundos e Meagan não se sentiu deixada de lado.

Muitos casais já perguntaram se era apropriado se beijarem diante dos filhos. É verdade que os filhos nada têm a fazer no quarto do casal, mas e quanto a serem espectadores de um beijo de amor? Heidi contou que, quando ela e o marido começaram com o beijo de dez segundos, o filho de oito anos costumava olhar e dizer "Que nojo!" Três anos depois, ele para para olhar de perto e pergunta: "Como vocês respiram?"

Qualquer que seja a perspectiva de seus filhos, a imagem dos pais se beijando irá ficar marcada para sempre na memória deles. Que belo presente para eles!

- Desculpa 4: Gostaria de dar em meu marido um beijo de dez segundos quando ele chega em casa, mas ou o telefone toca ou já estou falando nele, e não consigo tirar a conversa da cabeça quando desligo.
- *Solução: Deixe tocar. Seja quem for, poderá ligar novamente ou deixar uma mensagem na secretária eletrônica. Caso você esteja ao telefone, diga à outra pessoa que seu marido acabou de chegar e você quer deixar a conversa para depois. Seu marido irá captar a mensagem de que ele é mais importante para você do que qualquer pessoa que esteja ao telefone.*

Natalie tinha um negócio em casa e muitas vezes estava falando com um cliente ao telefone quando o marido chegava do trabalho. Tão logo ouvia a porta da garagem ser aberta, ela tratava de desligar. Infelizmente, ela não conseguia limpar as ideias com a mesma facilidade com a qual desligava o telefone. Em consequência disso, quando estava dando um beijo de dez segundos no marido, ela ainda estava pensando no trabalho.

Uma das coisas que Natalie adorava ao realizar seu trabalho em casa era o fato de não perder tempo para ir até o escritório. Mas ela acabou constatando que esse tempo tem suas vantagens. Ele nos ajuda a passar do estado mental do trabalho para o pessoal.

Assim ela decidiu criar seu "minitempo de deslocamento". Agora, quinze minutos antes da hora de seu marido chegar, ela arruma o escritório, faz um lembrete rápido do dia, desliga a campainha do telefone de trabalho e liga a secretária eletrônica. Então, sai de casa para fazer uma caminhada, levar o cão para passear ou qualquer coisa que não a obrigue a pensar. Isso ajuda a fazer a transição do horário de trabalho para o lazer. Depois de apenas quinze minutos ela volta para casa com outra cabeça – pronta para dar um beijo de dez segundos no marido.

- Desculpa 5: Gostaria de dar um beijo de dez segundos em minha mulher, mas o cão pula em cima de mim tão logo abro a porta.
- *Solução: Não ouse agradar o cão antes de beijar sua mulher. Esqueça os latidos e parta para o beijo.*

Mary Lynn escreve: "Gosto de cães como todo mundo, mas depois de ter um *golden retriever* há cinco anos, comecei a ficar ressentida com ele. Fico envergonhada em admitir, mas eu estava com ciúmes dele!

"Desde o dia em que trouxemos o cão para casa, meu marido acostumou-se a acariciá-lo, abraçá-lo e falar com ele sempre que chegava em casa. Acredito que os animais tenham sentimentos e necessitem de atenção, mas aquilo era ridículo.

"Depois do ritual de cinco minutos com o cão, eu recebia uma olhada rápida e um 'Oi, tudo bem?' antes de ele abrir a correspondência. Eu ficava imaginando levar o cão para o campo e soltá-lo por lá.

"Meu marido começou a ouvir suas fitas e um dia me fez uma surpresa. Quando ouvi o ruído do carro, enfiei a cabeça na geladeira e comecei a arrumá-la para não ter de testemunhar o reencontro diário com o cachorro. De repente, senti alguém me agarrar pela cintura e me fazer girar. Antes que eu pudesse dizer qualquer coisa, meu marido me deu um beijo tão apaixonado que esqueci que tinha uma jarra na mão e derramei suco nas costas dele. Desde então fizemos uma promessa um ao outro. Ele me beija antes de brincar com o cachorro, desde que eu esteja com as mãos livres. E está funcionando!"

- Desculpa 6: Eu gostaria de dar um beijo de dez segundos na minha mulher, mas quando abro a porta no fim do dia, ela me joga um milhão de problemas de uma só vez. Não consigo fazê-la parar de falar para me beijar.
- *Solução: Não entre pela mesma porta todos os dias. Use outra entrada e beije-a. Ela ficará tão surpresa que não terá chance de começar a falar.*

Sempre que David entrava em casa no fim do dia, sua mulher lhe comunicava um problema que ele deveria resolver. O fogão estava enguiçado, o monitor do computador estava com a imagem congelada ou a porta do box do chuveiro havia caído.

"Resolvo problemas no trabalho o dia inteiro", disse-me David. "Não quero fazer o mesmo em casa, pelo menos não logo que entro."

Para não cair na emboscada, ele decidiu entrar na casa pela porta lateral. Em vez de entrar pela sala, entrava pela cozinha. Assim conseguia agarrar Jackie, tomando o cuidado de não assustá-la, e lhe dar um longo e delicioso beijo.

"Temos quatro entradas na casa", disse David. "Ela nunca sabe qual irei usar." Sua mulher ainda fala sobre os problemas do dia, mas depois de um beijo de dez segundos, David não acha que sua parceira seja um poço de problemas.

- Desculpa 7: Eu gostaria de dar um beijo de dez segundos em meu marido, mas ele parece muito tenso e não quero aborrecê-lo.
- *Solução: A energia amorosa que você transfere a ele por meio do beijo servirá mais para descontraí-lo do que qualquer hidromassagem ou massagista.*

Mary costumava ficar perturbada todos os dias enquanto esperava o marido voltar do trabalho. "Ele sempre chegava tenso", disse ela. "Eu queria ajudá-lo a relaxar; porém, não sabia como."

Quando ouviu a respeito do beijo de dez segundos na aula, Mary achou que valia a pena tentar, mas não sabia se o marido conseguiria se descontrair em apenas dez segundos. Mas deu certo. "Lembro da primeira vez em que tentei. Quando passaram os dez segundos, parecia que ele tinha se derretido em meus braços. Para ele, é a melhor terapia de relaxamento que existe."

- Desculpa 8: Quero dar um beijo de dez segundos em meu marido, mas logo que entra, ele pega a correspondência recebida.
- *Solução: Esconda a correspondência e só entregue a ele depois do beijo. Depois de alguns dias, ele nem irá procurá-la.*

No fim do primeiro mês de casamento, Karen estava irritada. Keith, seu marido, entrava em casa no fim do dia e, antes mesmo de notar a presença dela, ia direto pegar a correspondência. "Keith gosta de catálogos", disse Karen, "e recebia pelo menos cinco por dia. Não sei por que ele não podia esperar alguns minutos para ver aparelhos para exercício, equipamentos para *camping* e para cortar grama, e móveis para jardim."

Depois de fazer meu curso *Light Her Fire*, Karen teve a ideia de substituir a correspondência por um bilhete dizendo onde Keith poderia encontrá-la. O bilhete podia dizer que ele a procurasse no quarto, atrás de um sofá ou embaixo da mesa. Sempre que encontrava Karen, Keith recebia um beijo de dez segundos. Eles estão casados há dez anos e Keith aprendeu. A correspondência pode esperar!

- Desculpa 9: Quero dar um beijo de dez segundos em minha mulher, mas ela teme que isso leve sempre ao sexo.
- *Solução: Não deixe que isso aconteça. Beije-a para mostrar seu amor, e não como um meio para um fim.*

Gary estava determinado a aprender a beijar Pam, sua mulher, sem levá-la a fazer sexo. "Prometi a mim mesmo que lhe daria um beijo de dez segundos sete dias em seguida, sem que isso significasse que eu queria fazer amor", disse Gary. "E consegui! Ou pelo menos teria conseguido se, lá pelo quinto dia, Pam não tivesse *me* arrastado para a cama."

- Desculpa 10: Gostaria de dar um beijo de dez segundos em meu namorado, mas só nos vemos uma ou duas vezes durante a semana e, em geral, isso acontece em um local público, como um restaurante. É muito embaraçoso beijar dessa maneira em público.
- *Solução: Concordo. Por que vocês não se encontram no estacionamento e se beijam lá?*

Ken e Gail namoravam havia cerca de seis meses e geralmente se encontravam para jantar uma ou duas vezes por semana. Gail reclamava que, pelo fato de se encontrarem em um restaurante, eles inicialmente ficavam sem jeito e se beijavam no rosto e começavam a falar do dia no trabalho. "Eu sentia que estávamos atolados. Eu queria mais intimidade, mas não sabia como criá-la", disse ela.

Gail começou a ouvir as fitas *Light His Fire* e compreendeu que poderia fazer algumas mudanças reais em seu relacionamento com Ken. E disse a ele que, na próxima vez em que fossem jantar, queria encontrá-lo no estacionamento do restaurante. Ele concordou.

Para surpresa de Ken, quando Gail chegou, ela empurrou-o para dentro do carro e perguntou se poderia fazer uma pequena experiência. Intrigado, Ken perguntou que experiência seria. "Só quero lhe dar um beijo de dez segundos", disse Gail. Ken riu e disse: "Claro!" Gail tinha consigo um *timer* para contar os segundos e, quando terminou o tempo, perguntou a Ken o que tinha achado. Brincando, ele respondeu: "Adorei o beijo, mas o *timer* não é necessário".

A Ação Causa a Atração

Uma vez achadas as soluções para as desculpas dadas anteriormente, o parceiro em cada história traçou um plano de ação. Você sabe por que muitos relacionamentos não duram? Porque os casais esquecem seus planos de ação. Eles esquecem o que fizeram no início.

- O que eles fizeram foi *beijar*.
- O que eles fizeram foi *fazer com que o outro se sentisse especial*.
- O que eles fizeram foi *conversar*.
- O que eles fizeram foi *ouvir*.
- O que eles fizeram foi *abraçar*.
- O que eles fizeram foi *passar um tempo a sós*.

Eles se apaixonaram devido às suas ações.

Das muitas histórias que colecionei ao longo dos anos de ensino de *Light Her Fire*, uma das minhas favoritas é esta:

Quando jovem, John viu uma linda mulher em um ônibus. "Decidi me casar com ela", disse ele. "O namoro seria uma mera formalidade. Mas, o que dizer para iniciar o namoro? 'Você aceita um pedaço do meu chiclete?' parecia ser de baixo nível. 'Olá' era uma saudação demasiado informal para minha futura noiva. 'Amo você! Estou cheio de paixão!' era muito ousado. 'Quero que você seja a mãe de meus filhos' parecia prematuro demais.

"Nada. É isso aí, não disse nada. E depois de algum tempo, o ônibus parou no ponto, ela desceu; e eu nunca mais a vi. Fim da história."

A moral da história é – você adivinhou – que, se você não fizer nada, nada irá mudar. Para que as coisas mudem, você precisa mudar.

Uma Dose de Confiança

Na primeira vez em que fui convidada para um programa de TV, eu estava muito assustada. Poderia facilmente ter recusado a oportunidade, se eu seguisse meus sentimentos: eu nunca havia feito nada parecido; estava com medo – ou melhor, aterrorizada; e não estava preparada.

É claro que não deixei que o medo me detivesse. Apenas reconheci sua existência e fui ao programa. Em consequência disso, meu livro *Emoções* entrou para a lista de *best-sellers* do *New York Times*. Fiz o que era preciso para promover o livro e isso mudou completamente meus pensamentos e sentimentos a respeito de aparecer na TV. Depois do programa, a primeira coisa que fiz foi gritar um "É isso aí!" triunfante. Então, os pensamentos e sentimentos positivos começaram a fluir. "Eu consegui! Não acredito que tenha ido tão bem. Estou muito orgulhosa de mim mesma. Se eu consigo fazer isto, posso fazer qualquer coisa. Programas de entrevistas, aqui vou eu!"

Você vê como meus atos me deixaram confiante, como fiz aquilo que temia e, em consequência, ganhei confiança? Seja lá o que você queira fazer, faça. Passe pela experiência, aja, dê o mergulho – e depois o avalie. Imagine como sua vida poderá ser diferente se você começar a viver seguindo essa regra. Não seja como muitas pessoas que gastam tempo e energia com medo da vida, em vez de mergulharem nela.

Uma Lição de Coragem

Aprenda uma lição com John, um homem com pouco mais de trinta anos que me contou uma noite, depois da aula, que queria aprender a dançar no estilo *country*. Perguntei por que não o fazia e ele respondeu, dando uma enorme lista de razões:

- Sou desajeitado.
- Não tenho com quem dançar.
- Posso fazer papel de bobo.
- Temo que todos olhem para mim.
- Sei que as pessoas vão rir de mim.
- Não serei capaz de acompanhar os outros.

Ele teria continuado, mas eu o interrompi. "Há pensamentos e sentimentos suficientes", disse firmemente.

"Dei-lhe a seguinte lista de afazeres":

- Ligar para seu programa de educação para adultos e saber quando começa a próxima turma.
- Fazer sua matrícula e pagar.
- Ter as aulas.
- Comprar botas e chapéu de vaqueiro.

- Ir ao clube de dança *country* mais próximo.
- Entrar na fila e dançar!

Em sua maioria, as pessoas que me veem na TV ou veem John dançar irão pensar que sempre fomos seguros de nós mesmos.

É claro que isso não é verdade. Tivemos de enfrentar a situação, apesar do nosso medo, e depois tivemos de praticar para nos tornarmos bons no que estávamos fazendo.

Na primeira vez em que tentar o beijo de dez segundos com seu parceiro, você poderá não ter confiança. Poderá ficar nervosa(o) e preocupada(o).

O beijo poderá parecer um pouco forçado. E daí? A prática faz a perfeição. Além disso, o processo de aprendizado será divertido.

O que É isso em sua Boca?

Tive, ao longo dos anos, vários dentistas em minhas aulas e eles me ensinaram muito a respeito de lábios, bocas e línguas. Por exemplo, você sabia que há mais terminais nervosos em seus lábios e língua do que em qualquer outra parte do seu corpo? Não é de admirar que gostemos tanto de beijar.

Nossas bocas e nossos lábios são sensíveis à menor pressão. Todos nós já sentimos como é estranho ter um fio de cabelo na boca. Até que nos livremos dele, o danado nos irrita. Se houver um fio de cabelo na sua cama, você certamente não sairá do lugar para evitar a pressão nas suas costas. E quanto àquela casquinha de pipoca presa entre os dentes? Parece uma pedra, e você fará tudo para se livrar dela. A língua é tão sensível que diferentes áreas dela possuem sensibilidade a um determinado sabor. O que é salgado, doce, azedo e amargo é sentido por partes distintas da língua.

Quando você e seu parceiro se beijam por dez segundos, use essa sensibilidade para explorar todas as nuances de um beijo. Tente menos pressão, mais pressão, toque com sua língua aqui, depois ali, depois acolá. Beijar é considerado uma arte. Quem sabe, com prática, talvez você venha a ser outro Picasso.

Quando beijar, preste atenção também ao som e à respiração um do outro. Embora possamos pensar que estamos prendendo a respiração quando beijamos, na verdade estamos respirando juntos. É por isso que beijar é mais íntimo que o ato sexual. Quando respiramos juntos, há troca de energia e nos tornamos, de fato, uma só pessoa.

O Primeiro Beijo

Nunca conheci alguém que não se lembrasse do seu primeiro beijo. Eu certamente me lembro do meu, dado há trinta e sete anos.

Meus pais eram muito severos e eu não pude namorar até completar dezesseis anos. Os garotos com quem saía eram apenas amigos. Quando conheci Steve, eu nunca havia sido beijada. Em nosso primeiro encontro, fomos a um baile da escola. Concordamos que dançaríamos com outras pessoas, mas reservaríamos a última dança para nós. Acabamos dançando as duas últimas músicas lentas.

No ônibus em que voltamos para casa, conversamos o tempo todo. Foi muito natural convidá-lo para entrar e terminar nossa conversa. Ficamos na sala de estar e conversamos mais duas horas. Lembro-me de estar com uma bala na boca quando Steve perguntou: "Quando você irá terminar essa bala?"

A pergunta me pegou de surpresa e perguntei: "Por que você quer saber?"

"Porque quero beijá-la..."

Meu coração disparou quando compreendi que iria receber meu primeiro beijo de verdade. Como podia ele querer me beijar quando eu usava aparelho? E se o seu lábio ficasse preso no metal? Obviamente, ele não se importaria. Ele estava concentrado apenas em uma coisa.

Mantive a bala na boca o máximo possível, mas o momento finalmente havia chegado. Ele me envolveu em seus braços, puxou-me e deu O BEIJO. Estouraram os fogos de artifício e eu não queria que a noite terminasse. Quando me perguntam se foi amor à primeira vista, eu sempre digo: "Não, foi amor ao primeiro beijo".

Steve deu meu primeiro beijo, mas não o último. Nos anos seguintes, namorei e beijei muitos jovens, mas nada chegou perto daquilo que eu havia sentido com Steve. Seis anos depois, casei com o homem que me dera o primeiro beijo.

Gosto da história de como Stephanie foi iniciada no mundo do beijo. Tecnicamente, o primeiro beijo dela não foi um beijo verdadeiro, mas para ela foi.

Ela tinha quinze anos e nunca havia ido antes a um baile do colégio. "Quando entrei no salão, ouvi música alta e vi grupos de rapazes e garotas conversando", disse Stephanie. "Meu primeiro pensamento foi 'Quero ir para casa'. Então vi todos formando filas de garotos e garotas. Quando dei por mim, minha amiga havia me colocado em uma fila atrás de um rapaz realmente bonito, que tocava trompete na banda da nossa escola."

Sem saber, Stephanie estava na fila para uma corrida de revezamento chamada *Passe o Life Saver*. Nesse jogo, a pessoa que está na frente da fila tem de passar uma pastilha de *Life Saver* em um palito à pessoa que está atrás dela, usando somente os lábios ou dentes para segurar o palito. A meta era fazer a passagem sem tocar os lábios do outro. Caso eles se tocassem, seria apenas um acidente de percurso, é claro.

"Nunca esquecerei que estava na ponta dos pés, segurando os ombros daquele belo rapaz, enquanto ele tentava passar a pastilha para mim no palito", disse Stephanie. "Por um momento maravilhoso, nossos lábios se tocaram enquanto tentávamos passar o palito da boca dele para a minha. Por mais breve que tenha sido, esse foi meu primeiro beijo e nunca irei esquecê-lo."

Chip, um participante de meu curso *Light Her Fire*, contou a história do seu primeiro beijo. Ele tinha apenas doze anos e estava na feira do condado com colegas. Eles passaram o dia inteiro andando na montanha-russa, comendo cachorro-quente e praticando tiro ao alvo.

"Lembro-me de que toda vez que íamos da barraca de tiro ao alvo até a montanha-russa passávamos por uma barraca de beijos. Meus colegas fingiam ter nojo daquilo. Eu também, mas secretamente queria ser beijado." Chip teve sua oportunidade quando todos os amigos decidiram ir à casa mal-assombrada. Ele lhes disse que precisava ir ao banheiro, mas, em vez disso, correu para a barraca de beijos.

"Eu sabia que estava me arriscando a ser apanhado pelos amigos, mas fui assim mesmo. Eu queria ganhar um beijo", disse Chip. "Entrei na fila e, quando chegou minha vez, meu ouvido começou a tilintar e pensei que fosse desmaiar. Exatamente quando ia cair, senti lábios quentes e úmidos tocando minha boca inteira. Cara, foi a melhor coisa que senti na minha vida! Até hoje, nenhum daqueles amigos sabe o que fiz."

Margaret ainda enrubesce quando conta a história do seu primeiro beijo. "Como eu tinha quase vinte anos e havia esperado tanto para ter um namorado, meu primeiro beijo teve muita importância", disse ela. "Todas as minhas amigas já tinham sido beijadas muitas vezes; assim, eu já tinha ouvido muitas versões de como podia ser um primeiro beijo." Na noite do primeiro beijo de Margaret, ela estava em uma festa depois de participar de uma peça teatral. "Na época em que estávamos apresentando a peça, eu me apaixonei por Jason, que fazia o papel principal. Como eu estava no coro, não nos conhecíamos muito bem, mas ele sempre havia se mostrado amigável comigo."

No final da festa, Jason perguntou se Margaret queria comer alguma coisa. Ela disse que sim e eles foram a um restaurante. "Depois que comemos, Jason levou-me até o meu carro, que estava estacionado diante da casa onde acontecera a festa. Conversamos um pouco mais no carro e então eu disse 'Bem, está na hora de ir embora'.

"Lembro de ter tocado a maçaneta da porta, mas não queria abri-la. Eu queria muito que Jason me beijasse. Passaram-se dois, três segundos. 'Vamos', pensei. 'Beije-me'.

"Então, senti a mão direita de Jason por trás de minha cabeça, puxando-me para seu rosto. Senti a respiração dele em minha boca enquanto ele abria a sua para me beijar. Lembro de ter fechado os olhos e me sentido totalmente tomada por ele enquanto nossos lábios se separavam e se encontravam novamente várias vezes, cada vez com mais paixão.

"Quando finalmente saí do carro, Jason precisou ligar o desembaçador. As janelas podiam estar embaçadas, mas eu sabia que a lembrança de meu primeiro beijo iria permanecer cristalina para sempre em minha mente."

Você Perdeu aquele Sentimento Amoroso

É provável que, em algum ponto do relacionamento, você e seu parceiro se beijassem assim. O que aconteceu? Por que deixou de ser um beijo longo, apaixonado e de boca aberta e tornou-se um roçar rápido nos lábios ou no rosto? A resposta é que, no início do relacionamento, vocês se viam como amantes, mas com o passar dos anos vocês ficaram tão envolvidos com suas tarefas, deveres e outras responsabilidades que se esqueceram de reservar tempo para os dois. Vocês esqueceram como ser amantes.

Pense na maneira como vocês se cumprimentavam no início do relacionamento. Estou certa de que interrompiam qualquer coisa que estavam fazendo, sorriam, se abraçavam e se beijavam. Apesar de pressões familiares, problemas financeiros ou profissionais e toda uma série de outras dificuldades, você ainda conseguia se concentrar no parceiro e no beijo.

Compare esse cumprimento inicial, quando ambos se sentiam especiais, necessários e desejáveis, com a maneira como você cumprimenta hoje seu parceiro. Você está ao telefone ou diante do computador? Está trabalhando na cozinha ou envolvida com os filhos? Está no quintal conversando com uma vizinha? Quando os deveres são mais importantes do que saudar o companheiro, estamos enviando uma mensagem que diz: "Você não é mais uma prioridade em minha vida".

Todos nós queremos nos sentir especiais. Por que você acha que sempre anunciamos nossa chegada? Qual é o homem ou a mulher que não diz "Oi, cheguei" ou pergunta "Tem alguém em casa?" Fazemos isso porque desejamos ser reconhecidos.

Quando há somente uma resposta verbal, como "Estou na saleta" ou "Estou ao telefone", sem contato físico, ocorrem sentimentos de vazio e isolamento. Muitos homens e mulheres me disseram que, mesmo que anseiem o dia inteiro para estar com seus parceiros, por alguma razão, sentem-se sós tão logo estejam com eles.

Como é impossível sentir-se isolado e ligado ao mesmo tempo, a solução é simples: é o beijo de dez segundos.

Uma Razão para Beijar

Você não precisa limitar seu beijo a um cumprimento. Como a finalidade do beijo é promover intimidade, calor e paixão, você pode beijar em qualquer momento e lugar, por qualquer razão. Por que não se divertir e inventar lugares e razões para beijar? Aqui estão algumas sugestões:

- Beijar na rua. Fiquem perto de uma rua movimentada e escolham uma cor de carro – por exemplo, vermelho. Toda vez que virem um carro vermelho, beijem-se por dez segundos.
- Beijar no cinema. Na próxima vez em que vocês forem ao cinema e os atores começarem a se beijar, beijem-se por dez segundos.
- Beijar em uma festa. Pouco antes de sair para a festa, decidam qual será o sinal particular. Na festa, sempre que tiver vontade, chame a atenção do parceiro e dê o sinal. Enquanto os outros estão conversando, vocês estarão trocando um beijo de dez segundos.
- Beijo no esporte. Toda vez que sua equipe favorita marcar um ponto, vocês emplacarão um beijo de dez segundos.
- Beijo na série de TV. Selecione uma palavra ou o nome de alguém e, toda vez que um dos personagens da série repetir a palavra escolhida, estará na hora de um beijo de dez segundos.

Estou certa de que você descobrirá outras oportunidades para se ligar a seu parceiro. É provável que haja muitas vezes em que vocês passaram por uma experiência e, ao chegarem em casa, não se sentiram mais próximos. Ou que passaram a noite assistindo à TV e foram para a cama sentindo-se distantes. Isso ocorre porque não houve contato físico. Vocês têm o poder para mudar isso.

O Plano K.I.S.S.

Este é um plano de ação para ajudá-lo a trazer de volta a paixão e o amor para seu relacionamento. Garanto que não importa que você tenha tirado essa ideia de um livro. O importante é que você queira se sentir novamente próximo e ligado ao parceiro.

O uso do Plano K.I.S.S. é uma forma de superar qualquer sentimento de solidão ou isolamento que você possa estar sentindo em seu relacionamento e agir para o "Mantenha-o Especial" (Keep It Something Special).

O plano é simples. Quero que esta semana você choque seu parceiro com um maravilhoso e apaixonado beijo de dez segundos. Você poderá optar por dá-lo de manhã ou à noite, mas quero que seja uma surpresa. Não quero que discutam se devem ou não fazer isso. A única maneira para saber o resultado é simplesmente beijar!

Depois que seu parceiro perguntar "Uau, o que deu em você?", você poderá explicar o beijo de dez segundos. Diga-lhe que, sempre que ficarem algum tempo sem se verem, vocês irão se abraçar e se beijar por pelo menos dez segundos. Faça-o saber que não importa o tipo de dia que qualquer um dos dois teve; vocês irão se beijar por no mínimo dez segundos!

Use um *timer* no início. Dez segundos não parece muito tempo, mas você provavelmente ficará surpreendida como eles parecem longos quando se está dando um beijo íntimo. Quer se beijem de manhã ao sair ou no final do dia, vocês se sentirão mais próximos e mais ligados do que têm se sentido há muito. Vocês poderão gostar tanto que decidirão se beijar apaixonadamente duas vezes por dia, e aquilo que começou como um exercício obrigatório, em pouco tempo irá se tornar uma mudança bem-vinda de estilo de vida.

A propósito, o beijo mais prolongado registrado no *Guinness – Recordes Mundiais* é de 417 horas. Dê-se por feliz por eu estar lhe pedindo para beijar por apenas dez segundos!

O ELOGIO DE 5 SEGUNDOS

2

Além de ser um hábito maravilhoso de adquirir, o beijo de 10 segundos é um lembrete diário para manter seu relacionamento como uma coisa especial. Para isso, você precisa tratá-lo como se ele fosse seu bem mais precioso.

Imagine, por um momento, que você tenha herdado um objeto precioso de família, que lhe foi passado de gerações anteriores. Ele está repleto de histórias e significado. Você não procuraria mantê-lo protegido, guardando-o em lugar seguro ou expondo-o em uma área protegida em sua casa?

Bem, seu relacionamento é muito mais precioso do que qualquer herança. Um relacionamento é mais que apenas duas pessoas vivendo lado a lado. É um refúgio contra o mundo, um lugar para sentir-se seguro, para ser alimentado, para crescer. Em um relacionamento, cada pessoa tem a oportunidade perfeita de se tornar mais do que poderia ser sozinha. Seu relacionamento é muito mais que a soma de suas partes. Como uma unidade, vocês dois são uma força muito maior do que como indivíduos.

Laurie, que frequentou um de meus cursos, passou por dificuldades que a levaram a aprender o quanto seu casamento era valioso.

Em um dia quente de verão, os dois filhos de Laurie estavam brincando com amigos no jardim; Jim, seu marido, estava no quarto tirando a roupa de trabalho e ela estava preparando o jantar.

De repente, Laurie ouviu batidas fortes na porta lateral. Abriu-a e viu a filha adolescente do vizinho ao lado procurando permanecer calma enquanto dizia: "Não entre em pânico, mas sua casa está pegando fogo. Minha mãe já chamou os bombeiros".

"Daquele momento em diante, tudo parecia se mover em câmera lenta", disse Laurie. "Lembro-me de correr para a porta da frente e gritar para as crianças ficarem fora da casa. Então, lembrando que Jim estava no nosso quarto, subi as escadas correndo, gritando para que ele saísse de casa."

Laurie estranhou não ter sentido cheiro de fumaça nem ouvido o alarme contra fogo. Foi só quando tentou subir até o terceiro andar que ela descobriu por quê. O incêndio havia começado no sótão e, assim, toda a fumaça e as chamas estavam saindo pelas janelas do terceiro andar.

Laurie e o marido pegaram os dois gatos, a bolsa dela e o telefone celular, juntaram as crianças e correram para o jardim do vizinho da frente. E lá ficaram chorando, vendo o fruto de todo o seu trabalho se esvair em fumaça.

Durante as três horas que os bombeiros levaram para apagar o incêndio, Laurie fez um inventário mental de cada andar. Enquanto observava os bombeiros quebrando todas as janelas do segundo andar, Laurie pensava em tudo aquilo que estava sendo destruído – os brinquedos dos filhos, lembranças reunidas ao longo dos anos, álbuns de fotos da família.

Depois de apagado o fogo, os bombeiros permitiram que Laurie e o marido voltassem à casa para avaliar os danos. Chegando ao seu quarto, Laurie iluminou-o com uma lanterna. Depois dos danos pelo fogo, pela água e a fumaça, pouco havia restado do que tinha sido seu ninho de amor. Quando a lanterna iluminou o canto do quarto onde havia restos dos móveis de quarto, Laurie teve um choque! Surpreendentemente, a única coisa que não estava molhada nem coberta de cinzas era um livro sobre o criado-mudo que ela tinha começado a ler. Era *Expect a Miracle*.

Laurie virou-se para o marido e abraçou-o. Ocorreu-lhe que estava olhando para os restos enegrecidos do lugar em que um deles poderia estar dormindo quando começou o incêndio. O fato de estarem sãos e salvos era um milagre. Sim, eles haviam perdido fotos insubstituíveis, presentes feitos pelos filhos desde a escola maternal e uma valiosa coleção de porcelana japonesa que Laurie tinha herdado da mãe – mas ainda tinham um ao outro!

Desde o incêndio, Laurie e Jim prezam seu relacionamento de uma maneira que nunca fizeram antes, e, para tentar mantê-lo especial, eles começam e acabam cada dia com um beijo de dez segundos.

Conhecimento É Poder

O que você vai ler agora é a informação mais valiosa que irá receber a respeito da sua vida amorosa. É tão valiosa que você deve ler, sublinhar, dizer essa mensagem em voz alta várias vezes, escrevê-la em um cartão e transmiti-la a todos!

Nós nos apaixonamos por um homem ou uma mulher devido à *maneira como nos sentimos a nosso próprio respeito* quando estamos com ele(a).

Mulheres, anotem:
- Um homem se apaixonará por você e continuará apaixonado devido à maneira como se sente *a seu próprio respeito* quando está com você.

Homens, anotem:
- Uma mulher se apaixonará por você e continuará apaixonada devido à maneira como se sente *a seu próprio respeito* quando está com você.

Confie em mim: ninguém jamais me disse que se apaixonou pelo companheiro porque ele era agressivo, condescendente ou sarcástico. Todos os homens que entrevistei concordam que se apaixonaram, sentiram-se mais fortes, mais sensuais, mais capazes, mais inteligentes e mais importantes do que haviam se sentido antes daquela mulher especial entrar em sua vida. As mulheres que entrevistei disseram que estavam se sentindo mais bonitas, mais *sexy*, inteligentes e capazes do que antes quando finalmente encontraram o "Sr. Certo".

Por isso, para atrair e manter um companheiro que seja irremediavelmente apaixonado por você, você deve ajudá-lo a se sentir bem consigo mesmo.

Neste livro, você não aprenderá como ganhar mais dinheiro, a ser mais atraente ou como perder peso. Sabe por quê? Porque algumas das pessoas mais atraentes do mundo não têm um relacionamento amoroso. Algumas das pessoas mais ricas do mundo são solitárias. Algumas das mais elegantes não têm um parceiro. Você aprenderá que amar realmente uma pessoa significa fazer, mais do que qualquer outra pessoa, com que ela se sinta melhor a seu próprio respeito.

Recebo sempre cartas como esta, reforçando esse conceito simples:

Cara Ellen, nos últimos cinco anos meus namoros têm tido resultados desastrosos. Tenho um emprego maravilhoso, ganho bem e dizem que sou atraente e inteligente. Por que, então, não conseguia fazer com que um homem saísse comigo pela segunda vez, nem me telefonasse? Eu imaginava que todos eles fossem idiotas!

Participei de um dos seus seminários e compreendi que estava sempre preocupada em causar uma boa impressão. Eu me preocupava em ter boa aparência, estar perfumada e falar bem. Nunca pensei em fazer meu parceiro sentir-se bem. Olhe, você me deu uma pancada na cabeça. Quero que saiba que agora estou saindo com um sujeito maravilhoso. Estamos falando em casamento e tudo em consequência do que você disse. Deixei de me preocupar com a impressão que estava causando e comecei a me concentrar em como ele era bárbaro.

Muito obrigada por me fazer ver que eu precisava mudar de foco.

Recebi esta carta de uma mulher que havia sido casada durante quinze anos. A carta conta o que aconteceu quando ela deixou de ser a inimiga e começou a demonstrar algum apreço pelo marido:

Nos últimos anos, tenho sido infeliz e experimentado um vago sentimento de insatisfação com a vida do dia a dia.

Eu achava que, se pudesse ver as coisas de uma forma diferente, poderia ser mais feliz; mas não sabia como fazer isso acontecer. Eu estava sempre irritada com meu marido, repreendendo as crianças e frustrada com minhas tentativas inúteis de mudar a situação.

Desde que fiz seu curso, descobri que posso mudar o que sinto, mudando meu modo de agir. Em consequência disso, nossa vida familiar melhorou demais. Recentemente, meu marido fez uma viagem de negócios de oito dias. Não gosto que ele se ausente e, em geral, fico de mau humor dias antes de sua partida. Quando ele finalmente viaja, estamos tão irritados um com o outro que não sei por que ele volta.

Desta vez, não só evitei ser uma megera, mas também escondi vários cartões em sua mala, um para cada dia de viagem. Enquanto estava fora, ele me enviou uma dúzia de rosas vermelhas em uma caixa com um laço imenso.

No dia da chegada dele, as crianças e eu decoramos a casa e penduramos cartazes de boas-vindas. Quando ele chegou, às duas da manhã, devido a um atraso em seu voo, havia flores, serpentinas, balões e bilhetes de amor para saudá-lo. E ele soube, sem sombra de dúvida, que é mais amado do que as palavras podem dizer, incondicionalmente, para sempre.

Sua maior Chefe de Torcida, seu maior Fã

Um dos segredos para manter seu relacionamento especial é entender que você e seu companheiro estão no mesmo time. E quer se trate de um time esportivo, de uma equipe de planejamento estratégico ou de uma equipe médica, os companheiros se apoiam mutuamente. Se um jogador de futebol chuta uma bola para fora, seus companheiros não gritam: "Idiota! Volte para o banco!" Eles batem em suas costas e dizem: "Ei, essa foi mal, mas na próxima você consegue". Os membros da mesma equipe têm uma visão uns dos outros. E, caso um deles a perca de vista, todos os colegas estão lá para fazer com que ele se lembre dela.

Tragicamente, depois de muitos anos de vida a dois, muitos casais perdem a visão que tinham um do outro no início e se veem de uma única maneira – negativamente. Quando isso acontece, não demora para que eles se sintam mal a respeito de si mesmos quando estão juntos.

Um homem ou uma mulher que recebe críticas em vez de cumprimentos, com frequência deixa seus olhos vaguearem até encontrar alguém que faça com que se sinta bem a respeito de si mesmo. Você não imagina quantas cartas recebo contando essencialmente a mesma história, como esta, de John. Em sua carta ele explica como quase se envolveu com uma mulher que conhecera quando estava inocentemente na fila para comprar pipocas em um estádio de futebol. Eles começaram a conversar e descobriram que tinham a mesma profissão. Depois da troca de cartões de visita, ambos disseram: "Ligue para mim caso eu possa ajudá-lo".

Três semanas depois, sua nova conhecida telefonou. Eles foram tomar café. Um mês depois, ele estava tomando muito mais café do que nunca.

"Quando estava com aquela mulher, nada do que eu fazia era errado", escreveu ele. "Ela ria das minhas piadas. Pedia meus conselhos. Depois de conversar com ela algumas vezes, passei a me sentir uma pessoa melhor do que nos vinte e dois anos de casado."

John disse ainda que, embora estivesse muito tentado, amava sua mulher e dava valor aos anos em que haviam passado juntos. "Para nossa sorte, vi o seu comercial e encomendei imediatamente suas fitas. Eu já tinha contado à minha mulher a respeito da outra; assim, ela estava tão motivada quanto eu para mudar as coisas. Temos ouvido as fitas e aplicado os princípios com fé, e o futuro parece muito bom."

Esta é a história de uma mulher que ganhou do marido, em seu aniversário, um presente que foi o catalisador que acabou com seu casamento. "Meus negócios estavam devagar havia meses e nossa renda tinha caído pela metade", contou-me Janet. "Meu marido estava preocupado com nossas finanças e durante meses nossas conversas e discussões giravam em torno de como escaparíamos das dívidas. Além de a nossa situação financeira ser ruim, meu marido estava obcecado com isso. Estávamos sempre brigando por dinheiro. Em um esforço para me ajudar a aumentar minha clientela, em meu aniversário ele me deu uma assinatura da internet."

Sozinha no escritório o dia inteiro, tentando conseguir novos clientes, Janet passava muito tempo *on-line* em "salas de bate-papo". Foi em uma delas que conheceu um homem solteiro com quem fez amizade.

Em pouco tempo, suas conversas já abordavam detalhes íntimos a respeito dos problemas conjugais dela. "Sempre que falava com meu amigo na internet, eu me sentia ouvida, sentia que minhas ideias e meus sentimentos tinham valor. Com meu marido, eu sentia que nada do que dizia era importante. Quando conheci aquele homem *on-line*, percebi como estava recebendo pouco do meu marido."

Depois de oito meses de intimidade *on-line* e sexo virtual, Janet compreendeu que desejava um relacionamento mais satisfatório e decidiu abandonar o marido.

"Agora que nos separamos, meu marido quer recuperar nosso casamento", disse Janet. "Acho que devia ficar feliz, mas é triste o fato de eu ter tido que deixá-lo para conseguir a atenção dele."

Infelizmente, o marido de Janet negligenciou o dever de ser seu maior admirador. Deve tê-la admirado no passado, ou ela não teria se casado com ele. Mas, em vez de animá-la nos negócios dela, ele afundou em seus temores e fez das finanças do casal sua prioridade.

A melhor garantia para manter seu relacionamento o mais forte possível pode ser a seguinte: construírem-se mutuamente, em vez de se destruírem. Sejam parceiros, não concorrentes. Juntos, vocês não só criam uma equipe vencedora, mas também se divertem mais com o jogo.

Dean adora contar a história de como sua mulher o apoiou durante a transição mais assustadora da vida dele.

Depois de anos detestando seu trabalho, Dean decidiu que precisava mudar de carreira. Ele havia começado a estudar medicina na juventude, mas precisou deixar os estudos por razões financeiras. Ele sempre se arrependera disso e agora queria terminar o que havia começado. Aos quarenta e três anos, Dean chegou do trabalho um dia e disse à mulher que queria ser médico. Mia sorriu e disse: "Ótimo, meu bem", sem imaginar que ele conseguiria cumprir com a decisão.

"Faltando um ano e meio para concluir o curso, iríamos incorrer em uma dívida de US$ 150.000, enquanto pessoas de nossa idade estavam planejando aposentar-se. Isso nos assustava. Mas a parte mais difícil de todas era ficar muito tempo fora de casa", disse Dean. "No ano passado, a escola da minha filha realizou um evento para os pais. Não pude comparecer e me senti mal. A escola de medicina também não foi fácil para Mia. Ela é assistente social e dá conselhos a muita gente. A certa altura, ela confessou que se sentia como se estivesse sendo testada a respeito de todos os assuntos sobre os quais aconselha as pessoas. Graças a Deus ela superou isso."

Havia ocasiões em que Dean temia que o casamento deles não suportasse exigências. Felizmente, suportou e Dean disse que a principal razão foi o fato de Mia apoiá-lo no seu sonho de ser médico. "Foi um esforço de equipe", disse ele. "Agora é minha vez de apoiá-la."

Uma das histórias mais tocantes e inspiradoras que conheço foi de uma mulher que disse que o marido lhe salvou a vida.

Todos os anos, quando Nadine pega o pé de meia de Natal, ela encontra um soldadinho de brinquedo. Isso sempre a faz lembrar-se do poder curativo do amor do seu marido.

Joel e Nadine casaram-se em 1983. Eles enfrentaram problemas de infertilidade e, em 1987, Nadine sentiu que alguma coisa estava realmente errada. Ela passou por uma laparoscopia, que revelou um tumor em seu ovário direito. Exames posteriores revelaram que se tratava de câncer.

Duas semanas depois, ela foi internada para a primeira das doze sessões de quimioterapia. Joel ficou ao seu lado da hora do almoço até a noite. "Sei como ele se sentia desamparado", disse Nadine.

Na manhã seguinte, ela acordou em seu quarto no hospital e encontrou um exército de soldadinhos enfileirados no peitoril da janela, apontando seus fuzis para uma réplica em cartão, feita por Joel, do ovário afetado pelo câncer. Atrás da tropa de soldadinhos estava o comandante, o Super Ovário, uma réplica em cartão do ovário sadio, usando tênis e com um grande "S" no peito.

No decorrer dos meses seguintes, a janela de Nadine ficou repleta de soldadinhos. Enfermeiras de outros andares vinham visitá-la só para ver a coleção e conhecer o homem que havia iniciado a guerra contra o câncer da esposa.

"Já se passaram dez anos desde o diagnóstico", disse Nadine, "e estou convencida de que estou livre do câncer porque tive um marido que me ama tanto que convocou as tropas."

Uma Combinação Vencedora

As equipes de futebol americano que chegam ao *Super Bowl*, a final do campeonato, e as equipes de beisebol que chegam à *World Series* têm alguma coisa em comum: ambas possuem uma boa combinação de jogadores.

Os treinadores não esperam que todos os seus jogadores tenham as mesmas qualidades e os mesmos pontos fortes. Os proprietários e gerentes se esforçam para escolher jogadores com a combinação correta de habilidades e talentos para compor uma equipe vitoriosa. Se você fosse escalar a equipe, cada jogador teria um conjunto de qualidades diferentes daquelas do jogador ao seu lado. É a combinação dos talentos de todos juntos que faz uma equipe vitoriosa.

Você e seu parceiro também formam uma equipe. Para que seu relacionamento chegue ao máximo e permaneça assim, vocês precisam reconhecer e valorizar os traços diferentes que cada um traz para o campo de jogo.

Um homem, que frequentou um dos meus cursos *Light Her Fire*, contou que estava no fim da sua paciência com a mulher. "Parece que me casei com um peixe", dizia ele. "Estou sempre puxando sua linha."

Semana após semana ele vinha à classe e contava histórias a respeito de como sua mulher era desorganizada. Uma semana ela ficava sem gás, na outra perdia o cartão de crédito e na seguinte trancava o carro com as chaves dentro.

Uma noite ele contou esta história: "Minha sogra estava doando uma enorme quantia para uma instituição de caridade e pedira que minha mulher e eu a entregássemos para ela", começou ele. "Ela deu o cheque à minha mulher, mas, na véspera do dia da entrega, ela não conseguia encontrá-lo. Passamos horas procurando pela casa, virando bolsas e bolsos pelo avesso e procurando no carro. Finalmente, minha mulher disse: 'Será que eu joguei o cheque fora com o lixo?'"

"Como você poderia ter feito isso?", perguntei.

"Bem", disse ela, "eu estava pagando contas e tinha uma grande pilha de papéis para jogar fora; eu simplesmente joguei tudo no cesto de lixo. Acho que o cheque estava na pilha."

Depois de uma hora mexendo no lixo, ele encontrou o cheque. "Estava molhado e cheirando mal e eu disse à minha mulher que não iria com ela entregar um cheque de US$ 1.000 manchado de café."

Em vez de mostrar solidariedade, a classe explodiu em risadas.

Ao final do curso de seis semanas, aquele homem havia aprendido a ver sua mulher da maneira que via no início do relacionamento deles.

Ele se lembrou de que a natureza despreocupada dela o havia atraído e entendeu que ela compensava a tendência dele, de ser excessivamente rabugento. É verdade que ela era desorganizada, mas também era muito divertida. Ele compreendeu que, juntos, eles formavam uma boa equipe. Afinal, pescar não era tão ruim.

Uma mulher no seminário *Light His Fire* contou à classe que olhava com frequência para o marido e perguntava: "Tem alguém aí?" Ela admitiu ser muito emotiva e não conseguia compreender como o marido se mantinha tão calmo e racional. "Chato" era como ela o descrevia.

Ela lembrou a ocasião em que seu filho de seis meses precisou passar por uma neurocirurgia. "Lá estávamos nós na porta do centro cirúrgico, entregando nosso precioso bebê ao cirurgião. Eu estava péssima – chorava, tremia, tinha enjoo de medo. Olhei para meu marido e ele estava imperturbável. Não consegui acreditar. Como podia ele estar tão calmo? Lembro-me de ter perguntado se ele tinha água gelada nas veias."

Depois que entendeu como duas pessoas trabalham em equipe, essa mulher acabou agradecendo ao marido pelas qualidades por ele demonstradas no dia da operação do filho. Enquanto ela se sentia impotente, a tranquilidade dele lhe permitiu ouvir com atenção o que o médico disse, fazer perguntas a respeito do estado do filho e ser o parceiro forte e estável de que ela necessitava naquele momento. Olhando para trás, ela compreendeu que foi a combinação de personalidades diferentes que fez com que eles enfrentassem o diagnóstico, a cirurgia e a recuperação do filho.

Faça-me Ganhar o Dia

Quanto tempo é preciso para fazer seu parceiro sentir-se bem e ganhar o dia? Cinco segundos. É isso mesmo! Somente cinco segundos para transformar um franzir de sobrancelhas em sorriso e animá-lo pelo resto do dia. Seu parceiro ganhará o dia se souber que:

- Você se considera a pessoa mais sortuda por tê-lo em sua vida.
- Você não consegue imaginar como seria sua vida sem ele.
- Seu parceiro é a melhor coisa que lhe aconteceu.
- Seu parceiro faz você muito feliz.

Mas, para que ele saiba que você sente essas coisas, é preciso verbalizá-las. Você precisa *dizê-las*! Quase posso ouvir você dizer: "Aí vem a parte difícil. Nunca fui boa em expressar meus sentimentos".

Bem, acho que você irá concordar que até a pessoa mais tímida, reservada ou retraída é capaz de fazer um elogio de cinco segundos. Até mesmo a pessoa mais ocupada, preocupada ou absorvida em si mesma pode reservar cinco segundos para fazer o parceiro sentir-se especial. Uma vez que você começa a fazer esse elogio de cinco segundos, isto logo se tornará um hábito – você ficará realmente competente nisso e gostará dos resultados.

Muitas pessoas têm dificuldades para aceitar elogios. Fomos ensinados que é presunção nos considerarmos bons ou reconhecermos nossas boas qualidades. Se o seu companheiro demonstra constrangimento quando é cumprimentado, vá devagar. Por exemplo, diga algo como "Você faz o melhor café que já tomei" ou "A grama está bonita. Seu esforço foi compensado". Com o tempo, ele começará a sentir-se à vontade o suficiente para aceitar um elogio mais pessoal, como "Você está bonito esta noite" ou "Você tem um belo corpo". Se ele disser alguma coisa como "Pare com isso. Você está me deixando encabulado", você poderá tranquilamente responder: "Então peça divórcio e diga ao juiz que eu o elogio demais!"

Caso você tenha dificuldades para receber um elogio, procure lembrar que dar e receber são a mesma coisa. Quando aceita um elogio com cortesia, você está dando um presente ao seu companheiro.

É muito melhor fazer um elogio a uma pessoa que possa aceitá-lo com cortesia do que fazê-lo a uma que diga "Oh, obrigada, mas acho que pareço gorda com esta roupa" ou "Obrigada, mas meu cabelo fica melhor mais curto" ou "Obrigada, mas eu deixei a carne passar do ponto".

Dick admirava muito a silhueta de sua mulher. Os anos se passavam e ele ficava sempre impressionado com a elegância e a boa forma dela. Sempre que a via sair do chuveiro, ele dizia: "Sabe, você tem o corpo de uma jovem de vinte e dois anos".

Diane, em vez de aceitar o cumprimento, dizia algo como "Não diga isso. Olhe para minhas coxas. Tenho culotes enormes. Minha cintura está aumentando. Não tenho quadris nem seios. Pareço um menino". Com o tempo, Dick deixou de elogiar a aparência dela. Diane sentia falta dos elogios e não conseguia entender por que ele havia parado de elogiá-la, até vir ao meu curso e descobrir que negava tudo de bom que ele dizia a seu respeito.

Aceitar um cumprimento do companheiro é uma forma de amá-lo deixando que ele a ame. A melhor maneira de explicar isso é esta: suponha que seu filho de cinco anos chegou da escola maternal e orgulhosamente lhe deu um cartão que ele fez na classe. Você não pensaria em dizer "Oh, obrigada, mas eu não mereço isto". Em vez disso, você abrirá o coração e os braços para seu garotinho e fará com que ele saiba o quanto o amor dele é importante para você. É assim que devemos aceitar um cumprimento do nosso companheiro – com o coração aberto. Quando Dick elogiava a aparência de Diane, não estava falando de um concurso de beleza, mas sim de amor.

Ao ler isso, alguns de vocês poderão pensar que seu companheiro não possui qualidades que mereçam comentários. Quando você o conheceu, poderia fazer uma longa lista de qualidades, dizendo o que admirava em seu parceiro. Mas de alguma forma, ao longo do tempo, essas qualidades que você adorava passaram a ser qualidades que a aborrecem. Eu digo que essas qualidades que você um dia amou nele ainda existem. Foi sua percepção que mudou.

Você pode ver de forma positiva ou negativa qualquer uma das qualidades de seu companheiro. A escolha é sua. Pergunte-se o seguinte: "Se posso continuar a me concentrar naquilo que falta em meu companheiro, naquilo que ele não realizou, no que ele sempre faz errado e em como ele não satisfaz minhas expectativas, qual será minha recompensa?" Caso não saiba a resposta, eu lhe direi. Sua recompensa será uma pessoa fria, distante e irritada.

Por outro lado, se você optar por se concentrar nos pontos fortes do seu companheiro, se perceber todas as pequenas coisas que ele faz para você, se elogiá-lo por pequenas realizações, reforçar suas qualidades e der valor a ele como ser humano, sua recompensa será ter um parceiro cordial, amoroso, apaixonado e dedicado.

Vamos tomar os traços de personalidade que agora você pode considerar ruins, negativos ou errados e compará-los com a maneira como você os via quando se apaixonou. Então irei lhe mostrar o que dizer para transformar uma reclamação em um elogio de cinco segundos, criterioso e afetuoso.

- **O que você via** (no início): Ela é extrovertida, sempre é a alma da festa.
- **O que você vê** (depois de alguns anos): Ela nunca para de falar. Chama tanta atenção para si mesma que chega a ser embaraçoso.
- **O que você diz** (para que ela se sinta especial): *Você sabe conversar. Nunca há um silêncio constrangedor com você por perto.*

- **O que você via** (no início): Ele é tão bem informado. É uma enciclopédia ambulante.
- **O que você vê** (depois de alguns anos): Ele pensa que entende de tudo.
- **O que você diz** (para que ele se sinta especial): *Você é tão inteligente. Guarda tantas informações. Parece que não há nada que você não saiba.*

- **O que você via** (no início): Ela é tão eficiente e organizada.
- **O que você vê** (depois de alguns anos): Ela é excessivamente organizada.
- **O que você diz** (para que ela se sinta especial): *Tudo está sempre em seu lugar. Nunca tenho problemas para achar qualquer coisa quando preciso.*

- **O que você via** (no início): Ele tem metas e sonhos.
- **O que você vê** (depois de alguns anos): Ele é um fanático pelo trabalho.
- **O que você diz** (para que ele se sinta especial): *Você é surpreendente. Sabe aonde quer chegar e o que deseja realizar e faz tudo o que é preciso para que isso aconteça.*

- **O que você via** (no início): Ela é tão econômica.
- **O que você vê** (depois de alguns anos): Ela é avarenta.
- **O que você diz** (para que ela se sinta especial): *Você se esforça para poupar dinheiro para nosso futuro. Isso me traz segurança.*

- **O que você via** (no início): Ele é calmo e despreocupado.
- **O que você vê** (depois de alguns anos): Ele não tem emoções.
- **O que você diz** (para que ele se sinta especial): *Você é tão calmo e sereno, uma força estável em nossa família.*

- **O que você via** (no início): Ela tem muita energia.
- **O que você vê** (depois de alguns anos): Ela nunca fica parada.
- **O que você diz** (para que ela se sinta especial): *Você pode fazer mais em uma hora do que eu em um dia.*

- **O que você via** (no início): Ele é tão carinhoso.
- **O que você vê** (depois de alguns anos): Ele gosta demais de sexo.
- **O que você diz** (para que ele se sinta especial): *Você demonstra muito o seu amor e está sempre disposto a segurar minhas mãos, coçar minhas costas ou me abraçar.*

Torne seu Relacionamento à Prova de Casos

Quando você vê as qualidades do seu parceiro somente pelo lado negativo, está correndo o risco de outra pessoa considerá-las positivas. Se ele ou ela raramente recebe um elogio seu, não irá se sentir bem na sua presença. Poderá acabar conhecendo alguém que veja suas qualidades e verbalize suas opiniões favoráveis. Ele ou ela irá gostar disso e, sem que você perceba, o cenário está pronto para um caso.

Lembro-me de uma aluna que ficou para falar comigo certa noite, depois do curso. Ela estava aborrecida porque seu noivo havia rompido o compromisso. Quando perguntei o que tinha acontecido, ela explicou que, durante o namoro, ele havia trabalhado em uma empresa, mas que seis meses antes da data marcada para o casamento decidiu abandonar o mundo corporativo e voltar aos estudos para ser professor.

Ann fez o que pôde para convencê-lo a não deixar o mundo dos negócios e acabou dizendo que achava que ele estava louco, que nunca iria ganhar o suficiente lecionando. Ele voltou aos estudos apesar dos protestos de Ann e, em uma das aulas, conheceu uma mulher que fazia o mesmo curso. Ela disse que o admirava por ter deixado a corrida de ratos de negócios e o incentivava todos os dias. Um mês antes do dia do casamento, ele rompeu o noivado porque havia se apaixonado pela colega de classe.

Essa história teria tido um final diferente se Ann houvesse jogado na equipe do noivo? Certamente. Se ela tivesse verbalizado sua fé nele e o elogiado por sua coragem e perseverança, ele nunca teria precisado do apoio de outra pessoa para se sentir bem.

Uma carta de Judy conta como a falta de atenção e de elogios do marido quase levou ao fim do casamento deles.

> *Meu marido estava deprimido porque estava insatisfeito no trabalho. Para compensar sua carreira desinteressante, ele passava muitas noites frequentando reuniões do conselho escolar e da Câmara Municipal. Eu era claramente negligenciada.*
>
> *Conheci este homem mais jovem por meio de uma amiga de minha filha. Ele era universitário e precisava de um lugar para morar durante o verão. Ofereci um quarto extra da nossa casa. Enquanto morava conosco, ele passava muito tempo me observando cozinhar, decorar a casa e cuidar do jardim.*
>
> *Ele elogiava muito minhas prendas domésticas. Durante o verão inteiro eu só ouvia "Você tem jeito com as plantas" ou "Você tem gosto para cores e texturas" ou "Seu molho de espaguete é melhor que o da minha mãe". Ele também deixava claro que se sentia atraído por mim.*
>
> *Ouvindo essas coisas maravilhosas, compreendi o quanto estava perdendo em meu casamento. Quando ouvi falar de suas fitas cassete, decidi encomendá-las e ver se havia nelas algo que melhorasse minha situação. Felizmente havia.*
>
> *Comecei a tratar meu marido com mais amor e afeição, elogiando-o sempre que podia, dando-lhe todos os dias um beijo de dez segundos. Em pouco tempo ele começou a corresponder.*
>
> *Obrigada por salvar meu casamento.*

Estilos de Amar

Preste atenção aos atos do seu parceiro e você verá que todos os dias ele está lhe mostrando, de muitas maneiras, o quanto você é amada. Embora essas maneiras possam ser diferentes das suas, o valor é o mesmo.

Marianne passou grande parte da sua vida adulta com pena de si mesma porque achava que não era realmente amada pela mãe. Quando ela era criança, sua mãe trabalhava em tempo integral para complementar a renda do marido. Pelo fato de ter crescido na pobreza, a mãe queria dar a Marianne todos os extras que lhe haviam faltado na infância. Com o dinheiro extra que ganhava, ela comprava tudo o que Marianne pedia. Até hoje, o porão de Marianne está repleto de brinquedos da sua infância: uma casa de bonecas, bonecas de todos os tipos, um palco de marionetes – qualquer que fosse o brinquedo "obrigatório" lançado no mês. Quando Marianne se casou, sua mãe parou de trabalhar. Marianne ficou satisfeita e ansiosa por passar com a mãe o tempo que não tivera com ela na infância. Porém, sempre que ela sugeria que se reunissem, a mãe tinha um motivo para dizer "Hoje não, querida" ou "Talvez outro dia".

Assim, no Natal e no seu aniversário, quando a mãe a cobria de roupas, joias e coisas para a casa, Marianne pensava: "Ela está me dando tudo isso para compensar o tempo que não passou comigo. Se ela me amasse, diria 'sim' quando eu a convidasse para me ver".

Foi somente dois anos antes da morte da mãe que Marianne compreendeu que dar coisas materiais era a maneira usada por ela para mostrar seu amor.

"Graças a Deus que compreendi. Os dois últimos anos com minha mãe foram os melhores de nosso relacionamento. Finalmente aceitei seus presentes e o amor que os acompanhava, em vez de acreditar que minha mãe não me amava porque ela não o fazia da maneira que eu queria. Milagrosamente, minha mãe e eu passamos nesses dois últimos anos mais tempo juntas do que nos trinta e seis anos anteriores."

Betty estava casada com Chuck, um operário de construção, por vinte e seis anos, e temia que seu casamento estivesse em perigo. Agora que os filhos estavam crescidos e fora de casa, ela e Chuck tinham mais privacidade do que nunca e mesmo assim ele não se aproximava dela. Betty sentia que Chuck não a amava mais.

Perguntei a Betty se Chuck não estaria demonstrando seu amor de outra maneira. "Não creio", respondeu ela. "Ele fica tão ocupado mexendo pela casa nos fins de semana que não me dá atenção."

Levando em conta o comentário dela que ele estava ocupado mexendo na casa, perguntei se ela conseguia pensar em algo a respeito de Chuck que admirasse. Ela pensou muito e finalmente disse que ele fazia belos trabalhos na casa. Tinha construído um novo jardim e um pequeno lago com cachoeira no quintal. Ele havia feito para ela novas estantes na sala de estar e colocou carpete novo em toda a casa.

Expliquei a Betty que aquela era a maneira de Chuck dizer "Amo você". Lá estava um homem que dava duro a semana inteira nas construções e que nos fins de semana, em vez de relaxar e fazer uma pausa naquilo que fazia normalmente durante a semana, passava quase todo o tempo tentando agradá-la com seu trabalho manual.

Perguntei se ele sabia que ela dava valor aos esforços dele. "Bem, se você quer saber se eu digo alguma coisa, a resposta é 'não'. Eu achava que ele devia saber disso, depois de todos esses anos."

Eu disse a Betty que Chuck não estava fazendo amor com ela pelo fato de nunca se sentir valorizado. Ele a amava à maneira dele, não à dela. Expliquei que muito poucos homens que trabalhavam duro como ele durante a semana estariam dispostos a gastar seu tempo com aqueles projetos, semana após semana. Sugeri que ela começasse a elogiá-lo e a dar valor a tudo o que ele fazia, ou seria uma questão de tempo até outra mulher começar a fazê-lo. Betty seguiu meus conselhos ao pé da letra. Pouco a pouco, Chuck começou a se sentir melhor a respeito de si mesmo e sabe o que aconteceu? De todos os cômodos da casa, Chuck gosta mais de trabalhar é no quarto!

Como você pode ver, há muitos estilos de amar e todos têm valor. Embora você possa preferir um estilo diferente, é importante dar valor ao amor recebido do seu companheiro, independentemente da sua forma. Afinal, amor é amor. Não importa a embalagem; o que conta é o que está dentro. Podemos demonstrar amor aproveitando a companhia de nosso parceiro, fazendo coisas para ele, tocando-o, mostrando consideração.

Veja os exemplos abaixo e identifique quais estilos de amar são seus e quais são do seu parceiro.

Tempo Passado Juntos
- Dar uma caminhada com você.
- Levá-la a um baile ou ao teatro.
- Viajar no fim de semana.
- Sair às compras com você.
- Sair para jantar.

- Passear de carro com você.
- Sair para dançar.
- Passear de bicicleta.
- Ir ao cinema.
- Fazer uma viagem de férias.
- Relaxar com você na cama em uma manhã de domingo.

Serviços
- Preparar o jantar para você.
- Levar sua roupa para a lavanderia.
- Preparar um banho quente de espuma para você.
- Consertar coisas pela casa.
- Limpar a garagem.
- Lavar seu carro.
- Lavar a roupa.
- Cortar a grama do jardim.
- Ir ao supermercado.
- Levar o lixo para fora.

Toque
- Segurar sua mão.
- Massagear seu pescoço e seus ombros.
- Aconchegar-se a você na cama.
- Abraçá-la e beijá-la.
- Massagear seus pés.
- Coçar suas costas.
- Acariciar seus cabelos.
- Acariciar seu rosto.
- Dançar coladinho.

Atenção
- Ligar no meio do dia para saber como você vai.
- Enviar um *e-mail* para que você saiba que está sendo lembrado.
- Manter as crianças quietas para que você durma uma hora a mais.
- Planejar uma festa de aniversário para você.

- Aquecer o motor do carro para você.
- Deixar as luzes acesas se você for voltar tarde para casa.
- Ligar o cobertor elétrico antes de você ir para a cama.
- Enviar um cartão: "Estou pensando em você".
- Comprar seu prato pronto favorito.
- Alugar o vídeo do seu filme favorito.

Todos nós temos nossa maneira natural de amar. Você e seu parceiro podem se amar segundo um estilo ou uma combinação de estilos. Sua tarefa é valorizar e elogiar seu parceiro pelo seu estilo de amá-la.

O Plano K.I.S.S.

Seu relacionamento é a dádiva mais preciosa que você tem. Ele merece ser guardado como um tesouro e protegido de todas as formas possíveis. "Mantenha-o Especial" (*Keep It Something Special*) com um elogio de 5 segundos e observe o crescimento do espírito de equipe.

Daqui por diante quero que você olhe para seu parceiro de uma nova maneira. Preste atenção a tudo o que ele faz, procurando ver o lado positivo.

Ela se lembra de tampar de volta o tubo de creme dental? Ele se lembra de abaixar novamente o assento do vaso sanitário? Ela é extremamente paciente com os filhos? Ele cuidou muito bem dos reparos domésticos? Faça um jogo para ver quantas coisas maravilhosas a respeito dele (ou dela) você pode descobrir e que você nem ligava.

Lembre-se, é preciso verbalizar as coisas positivas que você notar. Faça um elogio ao seu parceiro pelo menos uma vez por dia. Cumprimente-o por aquilo que ele defende, faz e diz. Não se esqueça da aparência física. Todas as noites, antes de fechar os olhos, pergunte-se: "Elogiei meu parceiro hoje?" Caso não tenha elogiado, você deve dois elogios para o dia seguinte!

Pelo menos uma vez por semana, elogie seu companheiro diante dos seus filhos. Você é um modelo para eles. Se você falar bem do pai (ou da mãe) deles, eles irão guardar isso em sua memória e farão o mesmo com seus companheiros no futuro.

Uma vez por semana, elogie seu parceiro diante de outras pessoas. Quando você elogia uma pessoa na frente de outras, o cumprimento tem efeito duas vezes maior. Seu parceiro poderá sentir-se embaraçado, mas faça-o mesmo assim. Por dentro ele (ou ela) vai adorar.

Vista seu uniforme de chefe de torcida. Agarre seu megafone. Faça uma saudação, grite e aplauda seu parceiro! Seja fã dele (dela) e os dois sairão ganhando.

A CONVERSA DE 30 MINUTOS

3

Por Favor, Vá mais Devagar

Susan e Phil, que conheci em uma de minhas palestras, contaram-me uma história que tenho recontado centenas de vezes.

Eles se descreveram como um casal muito ativo. Praticavam esportes e passavam bastante tempo acompanhando a participação um do outro. Susan assistia várias vezes por semana às partidas de *softball* de que Phil participava e este torcia sempre que ela corria em uma maratona.

"Estávamos sempre tão ocupados com nossas atividades esportivas que nunca tínhamos tempo para conversar um com o outro", disse Susan. "Quando Phil começou a jogar *softball*, passou a frequentar um bar com alguns colegas de equipe depois do jogo. Fiquei ressentida com aquilo, mas nunca lhe disse nada. Eu queria que ele viesse para casa depois dos jogos, mas queria que ele chegasse sozinho a essa decisão. Porém, isso nunca aconteceu."

Uma tarde, quando Phil se preparava para ir jogar, ele lembrou Susan de que iria sair com os colegas depois da partida. Susan ficou furiosa. "Eu nunca vi Susan tão brava", disse Phil. "Não consegui entender por que ela estava tão irritada. Eu sempre saía depois de jogar."

A discussão foi piorando, até que Susan ficou tão transtornada que correu para a rua. Phil seguiu-a instintivamente. Susan era uma boa corredora e levou algum tempo até ele alcançá-la. "Quando eu a alcancei, estava realmente exausto", disse Phil. "Pedi que ela fosse mais devagar e falasse comigo. Eu estava completamente sem fôlego; não conseguia falar. Tudo o que podia fazer era ouvir. Acabamos caminhando e conversando durante trinta minutos."

"Foi a primeira vez em mais de um ano e meio que tivemos uma conversa franca", disse Susan. "Foi maravilhoso."

Susan e Phil contaram como aquela tarde mudou a natureza do seu casamento. Caminhando juntos, sem a distração da televisão, do cachorro ou do telefone, eles puderam se concentrar naquilo que o outro estava dizendo. Desde então, eles incorporaram à sua rotina diária uma "caminhada de 30 minutos para conversar". "Em dias de chuva, desligamos a TV, a campainha do telefone e conversamos em casa durante trinta minutos", disse Susan. "Agora estamos mal acostumados. Queremos nossos trinta minutos diários. É a vitamina do nosso relacionamento!"

Uma Aventura Submarina

Susan e Phil se comprometeram a manter um relacionamento especial, que considero invejável para a maioria dos casais. Um relacionamento é tão profundo quanto seu nível de comunicação. Se os temores, dores, esperanças e sonhos mais profundos não forem divididos pelo casal, sua comunicação permanecerá superficial. Acho que, se fosse feita uma pesquisa, a maioria das pessoas diria que gostaria de se comunicar de forma mais profunda com seus companheiros. A disposição existe. Mas quem tem tempo? Quem sabe como?

Cria-se o tempo. E vou *ensinar* como.

Há muitos níveis nos quais podemos nos comunicar uns com os outros. Para que você compreenda melhor os níveis de comunicação de que estou falando, vou compará-los ao mergulho no mar. Vamos imaginar que você e seu companheiro estejam usando *snorkels* e nadando na superfície da água. Traduzido para a vida diária, isso significa que vocês estão executando tarefas como lavar roupas, lavar o carro, ir ao supermercado, pagar contas e todas as outras atividades necessárias à existência de um casal. Quando vocês conversam sobre essas coisas, isso acontece no nível que eu chamo de superficial. Nesse nível, as pessoas simplesmente trocam informações, dizendo coisas como:

- Você pegará as crianças depois do treino de futebol?
- Paguei hoje a conta do MasterCard.
- Fui ao dentista e fiz uma obturação.
- Hoje teremos salmão no jantar.
- Chegarei tarde porque tenho muito trabalho para fazer.

Em sua maioria, os casais cuja comunicação existe exclusivamente no nível superficial passam mais tempo assistindo à televisão do que em contato um com o outro. Alguns anos atrás, lembro-me de ter lido um relatório que afirmava que a família americana média mantém a TV ligada quase sete horas por dia, ou quase quarenta e nove horas por semana. O mesmo relatório dizia que o casal americano médio conversa somente cerca de vinte minutos por semana. Isso equivale a aproximadamente três minutos por dia! E quando eles conversam, eis o que dizem: "Bom-dia", "Boa-noite", "O que teremos no jantar?" e "Chegou correspondência para mim?"

Você consegue pensar em qualquer área da sua vida que iria prosperar com três minutos de atenção por dia? Se você estivesse tendo aulas, como seriam suas notas se estudasse somente três minutos por dia? O que você pensaria das qualidades paternas de uma pessoa se ela passasse só três minutos por dia com os filhos? Seria possível apaixonar-se e assumir um compromisso mútuo, se você e seu parceiro passassem apenas vinte minutos juntos por semana? Então, o que nos faz pensar que, uma vez que estejamos em um relacionamento a longo prazo, podemos passar apenas três minutos por dia em contato com o companheiro e ter um relacionamento apaixonado e profundo? Não podemos.

Lisa e seu marido Ross são um exemplo perfeito daquilo que acontece quando os únicos momentos em que um casal se comunica ocorrem durante os comerciais da televisão.

Lisa lamentou recentemente comigo a respeito do que é para ela, noite após noite, olhar para as listas do papel de parede da sala de estar, enquanto cria fantasias a respeito de Clint Eastwood. Na semana passada, ela ouviu mais a voz de Clint do que a do marido. Havia um festival de

Clint Eastwood no canal 43. Notando alguns brinquedos do filho espalhados pela sala, Lisa começou a catá-los. Cada vez que ela passava diante da TV, Ross ficava mais aborrecido, até que finalmente ele disse: "Por favor, você poderia esperar pelos comerciais para fazer isso?"

Lisa pensou: "Quem você está querendo enganar? Que comerciais? Você muda tanto de canal que os anunciantes iriam à falência se dependessem de você!" Lisa sentou-se e olhou para a poltrona onde Ross estava sentado com o controle remoto. Ela começou a pensar em uma forma de destruir aquele aparelhinho preto. "Será que o triturador de lixo acaba com ele?", pensou ela. E então, "Lisa, controle-se!"

Sua mente vagueou pelos treze anos do seu casamento. Ela se lembrou de uma época, antes de virem os filhos, em que eles raramente ligavam a televisão. De algum modo, a rotina que acompanhava a criação dos filhos preparou o caminho para aquela rotina de televisão todas as noites. Lisa estava cansada de Clint Eastwood. Ela queria ouvir a voz do marido e decidiu falar com Ross. Sabendo que o melhor momento para chamar a atenção dele era quando estava mudando de canais, ela esperou uma oportunidade. A conversa com Ross foi assim:

LISA: Trabalhei como auxiliar na classe de Cassie esta semana.
ROSS (*ainda mudando de canais*): Ah, que bom.
LISA: A professora de Cassie pediu-me para ajudá-la para a festa que haverá daqui a duas semanas.
ROSS (*ajustando a poltrona e olhando rapidamente para Lisa*): Quando vai ser?
LISA: Na outra quinta-feira, às sete e meia da noite. Você chegará em tempo para ir?
ROSS (*Não responde.*)
LISA: Ross, você está me ouvindo?
ROSS (*os olhos ainda fixos na TV*): Sim, estou. O que você disse?
LISA: Ai, meu Deus! Deixe prá lá. Eu conto depois.

Lisa observou os olhos vitrificados de Ross durante mais uma noite. Ela conseguia se sentar diante do televisor por pouco tempo, até sentir-se compelida a fazer algo; assim, finalmente subiu para fazer uma limpeza no armário de roupas de cama.

Se a única comunicação que um casal tem é neste nível superficial, em pouco tempo eles se transformam em simples colegas de quarto. Podem viver sob o mesmo teto, dividir o mesmo banheiro e até mesmo dormir na mesma cama, mas não têm sentimentos profundos de amor e de ligação.

Um Nível mais Profundo

A vida é curta demais para se amar dessa maneira; portanto, vamos pegar nossos tanques de oxigênio e descer até o próximo nível de comunicação. Esta é chamada de *comunicação subsuperficial*. É onde os casais vão além da simples troca de informações superficiais. Eles trocam ideias, opiniões, teorias e raciocinam juntos. Nesse nível, você irá encontrar egos em vez de peixes! Esse é o nível no qual ocorre a maior parte das discussões, devido às diferenças de opiniões e ideias. Se você puder aprender a dar valor a essas diferenças, então amar seu parceiro irá se tornar algo natural e sem esforço.

Harry e Linda leem o jornal inteiro todos os domingos e gostam de trocar opiniões sobre os eventos da atualidade. Eis aqui uma das suas conversas típicas no nível abaixo da superfície:

HARRY: A luta do Tyson ontem à noite foi ótima!

LINDA: Achei uma coisa rude e bárbara.

HARRY: Ei, isso é boxe. Você tem de esperar isso.

LINDA: Trocar socos é uma coisa, mas acho que arrancar um pedaço da orelha do adversário com uma dentada é perda de controle.

HARRY: Não creio que haja muita diferença entre socar o rosto de alguém e arrancar um pedaço da sua orelha.

LINDA: Dar socos pelo menos requer habilidade. Acho que morder alguém é apenas animalesco.

Pode-se dizer que Harry e Linda estão se comunicando no nível abaixo da superfície pela troca de ideias e opiniões e pelo uso da expressão "acho que" para colocar seus pontos de vista.

Duas outras pessoas casadas, Pat e Joe, tinham opiniões diferentes a respeito da prisão de Timothy McVeigh no julgamento sobre a explosão em Oklahoma. A conversa delas foi assim:

PAT: Fiquei satisfeita com a sentença para McVeigh. Acho que ele merece a pena de morte.
JOE: Acho que ele cometeu uma atrocidade, mas condená-lo à morte não ajuda ninguém.
PAT: Quem se importa se ajuda? Acho que ele é um louco e deve morrer por aquilo que fez.
JOE: Não acho certo tirar a vida de uma pessoa, mesmo que ela tenha tirado a vida de outra.
PAT: Acho que seria ridículo não mandar matar este sujeito. As famílias das vítimas precisam ver alguma providência ser tomada.
JOE: Acho que condenar McVeigh a ficar em uma solitária pelo resto da vida é o que deveria ser feito.

Michelle e Jim são fanáticos por esportes e gostam de trocar opiniões. Passam frequentemente as manhãs de domingo sentados à mesa da cozinha com uma xícara de café e lendo as páginas de esportes. Uma conversa típica deles é mais ou menos assim:

MICHELLE: Não acredito que o Indians vendeu o passe de Kenny Lofton para o Atlanta. Acho isso loucura.
JIM: Acho que o Indians fez bom negócio com Grisson e Justice.
MICHELLE: Nenhum deles corre como Lofton. Acho que Cleveland cometeu um grande erro.
JIM: Querida, Justice é aquele que ganhou a partida contra Cleveland no campeonato.
MICHELLE: E daí? Lofton é o melhor, na maior parte das bases. Acho que ele tornava o jogo muito mais excitante do que qualquer Atlanta Brave.

Nenhum desses casais entrou em discussão sobre essas questões. Eles estavam simplesmente trocando opiniões diferentes. As conversas intelectuais podem ser estimulantes em qualquer relacionamento, desde que um parceiro não tenha de estar certo e o outro errado. Dar valor às opiniões um do outro torna a comunicação no nível subsuperficial uma experiência rica e compensadora.

Indo mais Fundo

Vamos agora ligar o oxigênio e ir mais fundo, até o nível do coração. Descemos até águas tropicais mornas e claras para conhecer recifes magníficos, belos corais e vida marinha exótica, de todas as cores. Quando os casais se comunicam com sinceridade, falam com o coração, e não com a cabeça. Usam palavras como "sinto" em vez de "penso". Quando expressam sentimentos de raiva, frustração ou desapontamento a respeito de algo que o companheiro disse ou fez, eles o fazem mostrando seus sentimentos, em vez de culpar o companheiro por aquilo que sentem.

Suponha que seu parceiro esteja duas horas atrasado para o jantar. Há duas maneiras pelas quais você pode lidar com a situação:

- **Opção 1:** Você pode explodir quando ele chegar, dizendo: "Onde **você** esteve? **Você** nunca me conta o que está acontecendo. **Você** estragou meu jantar e fez com que eu me preocupasse durante duas horas".
- **Opção 2:** Você pode olhar para ele demonstrando uma preocupação sincera e dizer: "Graças a Deus você está bem. Quando você se atrasou e não deu notícias, fiquei com medo de que tivesse acontecido alguma coisa. Fiquei muito preocupada o tempo todo. Por favor, avise quando souber que irá se atrasar".

Observe que o primeiro exemplo utiliza a palavra "você" em vez de "eu". Abordando seu parceiro dessa maneira, você está preparando o cenário para uma boa discussão. Na altura do segundo "você", seu parceiro já estará juntando munição para se defender. No segundo exemplo, você focaliza como se sente a respeito do atraso de seu parceiro. Em seguida, você lhe faz um pedido de forma breve e direta.

Aprender a falar em sentimentos, usar frases iniciadas por "Sinto..." em vez de "Você sempre..." pode se parecer muito com o aprendizado de uma nova língua, e é. Assim, para ajudá-la a aprender a se comunicar sem esforço em um nível profundo, criei uma fórmula simples de quatro passos para que você siga:

- **Passo 1.** Descreva a situação.
- **Passo 2.** Descreva o que a situação faz você sentir.
- **Passo 3.** Peça o que deseja de forma positiva.
- **Passo 4.** Pare de falar e dê ao outro chance de responder.

Uma das reclamações mais comuns que ouço das mulheres é que elas não conseguem fazer com que os maridos parem de ler o jornal quando estão falando com eles. Elas pedem, gritam, subornam e ameaçam sem nenhum sucesso. Uma delas, Carol, descreveu seu dilema certa noite, em uma aula. Ela disse que sua conversa com Matt, seu marido, era mais ou menos assim:

(*Carol está falando com Matt sentada à mesa da cozinha. Ele está lendo o jornal.*)
CAROL: Matt, você não ouviu nem uma palavra do que eu disse. Todas as vezes que quero lhe falar, você está lendo o jornal. Nunca me dá ouvidos. Só fica grudado nesse jornal estúpido!
MATT (*ainda lendo*): Estou ouvindo. Estou ouvindo.

Uma noite Carol chegou para a aula sentindo-se triunfante. "Peguei Matt desta vez", disse ela. "Cancelei a entrega do jornal!" Sugeri que ela voltasse a assinar o jornal e usasse minha fórmula. Ela concordou e quando se viu novamente naquela situação, eis o que aconteceu:

(*Mesmo cenário de antes.*)
CAROL: Desculpe, meu bem, mas você pode olhar para mim por um minuto?
(*Matt abaixa o jornal e olha para sua mulher.*)
CAROL (*usando o Passo 1*): Querido, quando eu o vejo lendo o jornal enquanto falo, (*Passo 2*) não me sinto importante, como se valesse menos que aquilo que está impresso nele. (*Passo 3*) Tenho algo para lhe

falar; portanto, você pode me dar sua atenção pelos próximos cinco minutos? Eu realmente gostaria muito que você fizesse isso.
(*Passo 4: Carol para de falar. Ela sabe que, se continuar por muito tempo, irá perder a atenção do marido e precisa lhe dar uma chance para responder.*)
MATT (*dobra o jornal e coloca-o sobre a mesa*): Vá em frente. Sou todo ouvidos.

Para outro casal, o uso da fórmula de quatro passos fez uma enorme diferença no casamento de quinze anos. Maggie tinha o hábito de fazer uma lista de todas as frustrações do dia, no instante em que Bill chegava do trabalho. Ela reclamava porque os filhos não arrumaram seus quartos, a filha não estudou piano ou o encanador não apareceu para fazer um conserto. Bill tentava escutar a ladainha de reclamações, mas depois de algum tempo ele se sentia como se estivesse carregando o peso do mundo em seus ombros.

Usando a fórmula dos quatro passos, Bill conseguiu expressar seus sentimentos a Maggie e pedir o que queria. Ele disse o seguinte: "(*Passo 1*) Maggie, quando chego em casa no final do dia e escuto você extravasando suas frustrações, (*Passo 2*) sinto-me esgotado. (*Passo 3*) Gostaria de lhe dar um beijo de dez segundos e então ir para o quarto mudar de roupa e relaxar. Vamos reservar um horário para conversar mais tarde". (*Passo 4*) Bill para de falar e dá a Maggie a chance de responder.

Maggie não havia percebido como o marido se sentia até que ele conseguiu lhe dizer isso. Ela respeitou o pedido de Bill, recebeu um beijo de dez segundos e teve toda a atenção dele depois. Bill ganhou um beijo de dez segundos e algum tempo sozinho em paz. Foi uma situação em que ambos saíram ganhando.

Outra aluna usou a fórmula dos quatro passos para resolver uma situação que a vinha aborrecendo havia muito tempo.

Julianne ficava irritada porque o marido só manifestava seu desejo de ter uma moto em um ambiente social. Diante de todos, Jeff dizia: "Veja, Julianne, todos acham que eu devia ter uma moto. O que você acha?"

Eles tiveram diversas discussões a respeito de Jeff levantar o assunto na presença de outras pessoas. "Quando acabávamos de discutir a respeito de isso ser ou não apropriado, estávamos cansados demais para tomar uma decisão sobre a compra da moto", disse Julianne.

Sugeri que ela usasse a fórmula dos quatro passos para comunicar a Jeff seus sentimentos. Foi assim que ela fez:

"(*Passo 1*) Jeff, quando estamos com outras pessoas e você diz que deseja ter uma moto e então pergunta o que acho, (*Passo 2*) sinto-me pressionada e constrangida. (*Passo 3*) Eu gostaria que mantivesse esse assunto só entre nós dois". (*Passo 4*): Julianne para de falar e dá a Jeff a chance para responder.

Em vez de sentir-se atacado, Jeff conseguiu ouvir os sentimentos de Julianne e nunca mais levantou o assunto em público.

Outro casal contou sua história de sucesso usando a fórmula dos quatro passos. Cathy é uma pessoa que fica ativa de manhã. Ela pula da cama e, imediatamente, está pronta para conversar. Rick não é ativo de manhã. Precisa de umas duas horas antes de conseguir interagir com outra pessoa. Não quer nada além de um banho longo e quente, sozinho, em paz. "O chuveiro é onde tenho minhas ideias criativas", disse Rick. "Repasso meus compromissos para o dia, planejo minha estratégia e a solução de problemas enquanto a água tira as tensões do meu corpo."

No início do relacionamento, Cathy havia adquirido o hábito de abrir a porta do banheiro e falar com Rick enquanto ele tomava banho. Os assuntos iam desde a confirmação de planos para aquela noite até o novo carro da irmã dela. Rick ficava realmente irritado quando Cathy entrava no banheiro, mas ele se segurava porque não queria entrar em uma discussão antes de ir para o trabalho. Quando soube da fórmula dos quatro passos, ele decidiu experimentá-la:

"(*Passo 1*) Cathy, quando você me faz perguntas enquanto estou tomando banho, (*Passo 2*) sinto-me invadido, sem privacidade. (*Passo 3*) Gostaria que você esperasse para falar quando eu estiver na cozinha, tomando café." (*Passo 4*) Rick para de falar e dá a Cathy a chance para responder.

Hoje Rick tem sua privacidade e Cathy sabe que terá toda a sua atenção durante o café da manhã.

Você se lembra de Lisa, a mulher que tinha fantasias a respeito de Clint Eastwood porque a única voz que ouvia à noite era a dele? Bem, ela usou a fórmula dos quatro passos e acabou com o caso do marido com o controle remoto. Eis o que ela disse:

"(*Passo 1*) Ross, quando não consigo falar com você porque seus olhos estão grudados no televisor, (*Passo 2*) sinto como se o que você está vendo fosse mais importante do que eu sou para você. (*Passo 3*) Gostaria de desligar a TV e falar com você por meia hora, três noites por semana". (*Passo 4*) Lisa para de falar e dá a Ross a chance de responder.

Hoje, Lisa e Ross não ligam a TV antes de terem a conversa de trinta minutos. Uma noite, a TV nem chegou a ser ligada! Porém, foi Ross quem ficou ligado!

Sempre que chego à parte das minhas palestras relativa à "Conversa de 30 Minutos", parece que as pessoas estão tendo um ataque cardíaco. A reação é sempre a mesma. "Você está louca? Trinta minutos com a TV desligada? Você quer que eu fale durante trinta minutos?" Até parece que estou pedindo que desliguem os aparelhos que as mantêm vivas. "Sim, a TV vicia", eu digo. "Vocês poderão enfrentar problemas de abstinência, mas sigam em frente. Acabem com a dependência do tubo de imagem e se viciem em seus companheiros."

Valorize suas Diferenças

Algumas das pessoas que estão lendo isso podem estar pensando: "Isso é bom, se você tem um parceiro que gosta de conversar. Mas, e se ele é quieto?" E se você e ele têm estilos de comunicação diferentes, não é por acidente. Os opostos se atraem. Você pode ser mais faladora. Gosta de fazer descrições detalhadas de férias, festas, filmes ou jantares. Seu parceiro fala menos, é direto, usando um único adjetivo *como divertido, repleto, interessante* ou *saboroso.*

Você pode ser muito aberta a respeito dos seus casos amorosos, contando sua vida a todos. Seu parceiro pode ser mais reservado, sentindo que a vida dele é assunto particular. Você pode falar primeiro e pensar depois. Seu parceiro pode ser mais cauteloso, revendo mentalmente aquilo que irá dizer antes de falar. Você pode falar em voz alta e de forma impetuosa. Seu parceiro pode tender a falar baixo.

Essas são apenas diferenças de estilo. Elas não estão certas nem erradas.

Falamos anteriormente como é possível ver os traços do seu parceiro com a mesma admiração que você tinha no início do relacionamento.

Quando duas pessoas começam a se encontrar, normalmente não têm problemas para conversar. Em um relacionamento novo, um casal não se importa com quem inicia a conversa ou quem tem mais o que falar. O que as pessoas notam é que se sentem à vontade uma com a outra, sentem-se seguras contando uma à outra coisas que nunca disseram antes, ou parece que se conheceram a vida inteira. Quer seu relacionamento tenha um ano ou trinta, não há razão para deixar de sentir o mesmo agora.

Lembre-se apenas do conceito de equipe e você estará no caminho certo. Você sentiu-se atraída pelo seu parceiro devido às suas diferenças. Ele tinha qualidades que faltavam a você. Juntos, vocês se equilibram. Imagine se você e ele fossem faladores. Estariam sempre competindo para falar. Por outro lado, se fossem ambos quietos, o silêncio iria enlouquecê-los.

Se você é a mais faladora, a responsabilidade pelo aprofundamento da comunicação será provavelmente sua. Encoraje seu parceiro a falar mais, e quando ele o fizer... escute! Se você é a parceira mais quieta, esforce-se para expressar seus pensamentos e ideias com mais frequência. Comece devagar e procure oportunidades para dar sua opinião ou expressar seus sentimentos. Mesmo que se trate de decidir aonde ir para jantar, o parceiro quieto em geral tende a dizer "Tanto faz", e fica nisso. Na próxima vez, diga algo como "Acho realmente que seria agradável jantar à beira-mar. Que tal o restaurante chinês onde costumávamos ir? O que você acha?" Aposto que você está pensando que na teoria parece ser fácil se expressar – mas você consegue fazer isso na prática!

Tenho visto inúmeros exemplos de como parceiros com estilos opostos de comunicação podem formar uma grande dupla. Meus amigos Jack e Sandy formam um casal desse tipo. A história abaixo, que ela me contou, demonstra muito bem esse ponto.

O pai de Sandy estava passando por uma cirurgia de ponte de safena depois de um infarto grave; Sandy e Jack estavam com a mãe de Sandy no hospital. Eles estavam esperando fazia horas e estavam ficando ansiosos para saber o resultado; Jack foi perguntar à enfermeira como estava o pai de sua mulher. A caminho do posto de enfermagem, ele encontrou-se com o cirurgião que havia acabado de operá-lo. Jack falou com o médico e retornou à sala de espera para dar notícias à mulher.

Jack entrou na sala de espera e disse: "Acabei de falar com o médico do seu pai. Ele terminou a cirurgia e disse que seu pai está bem".

"O que você quer dizer com está bem?", perguntou Sandy. "O que mais ele disse?" Jack deu de ombros e respondeu: "É isso aí. Ele sobreviveu à cirurgia e está bem".

Sandy disse com os dentes cerrados: "Não pode ser tudo o que o médico disse!"

Naquele momento, a mãe de Sandy começou a chorar de alívio. Ela aproximou-se de Jack, abraçou-o e disse: "Oh, graças a Deus ele vai ficar bom".

O relato curto, mas tranquilo, sobre o estado do sogro, foi tudo o que a mãe de Sandy precisava ouvir. Os detalhes não tinham importância. Daquele momento em diante, Sandy deu um novo valor ao estilo de comunicação menos verbal do marido.

Um dos meus alunos contou esta história na classe, em uma noite em que eu estava falando a respeito das diferenças em estilos de comunicação. Mark disse que costumava reclamar que Barb, sua mulher, falava demais, até vê-la em ação em uma tarde de sábado. Eles estavam voltando do supermercado para casa. Enquanto esperavam na fila para fazer uma conversão à esquerda, o carro na frente deles desrespeitou o sinal. Eles viram horrorizados o carro ser atingido na lateral por outro carro que vinha em alta velocidade. Depois do choque, Mark e Barb saltaram do carro deles e correram até o local do acidente. Vendo que o motorista que havia sido atingido na lateral estava com um grave sangramento na cabeça, Mark correu para usar o telefone do carro e chamar uma ambulância.

Ele ficou surpreso com o que viu quando voltou até o homem ferido. Sua mulher estava sentada no banco dianteiro do carro, todo ensanguentado, e conversava sem parar com o motorista, que perdia a consciência a todo instante. A conversa ininterrupta de Barb manteve-o desperto até a chegada da equipe de socorro.

"Eu nunca conseguiria fazer o que ela fez", disse Mark. "O sujeito teria entrado em coma se dependesse de mim para mantê-lo acordado."

Se o seu parceiro é quieto e você é a faladora, sua compreensão e a valorização das diferenças serão um fator importante para melhorar suas comunicações. Como faladora, caberá a você encorajá-lo, falando menos e ouvindo mais.

Mergulhando em Busca do Tesouro

Agora que você aprendeu a se comunicar sinceramente com seu companheiro e a dar valor ao estilo de comunicação dele, você está pronto para acionar seus tanques de oxigênio e descer finalmente ao fundo do mar. É lá que você irá encontrar o mais precioso de todos os tesouros — um presente que vocês trocarão e que irá enriquecer e aprofundar seu relacionamento como nunca sonharam. Estou falando sobre o dom de ouvir.

Quando você ouve realmente seu parceiro, está lhe dando de presente seu tempo, sua atenção, a mente e o coração abertos. Ouvir realmente é uma forma de arte e ser um bom ouvinte não costuma ser um dom natural. De fato, quando éramos crianças, muitas vezes os adultos, que com frequência não nos ouviam, nos ensinavam a não ouvir. Você não se lembra de ter de repetir "mamãe, mamãe" muitas vezes, tentando em vão chamar a atenção da sua mãe? Ou de dizer "Estou com medo" ou "Estou machucado" e receber uma resposta inadequada? Em vez de ouvir "Sei como isso pode ser assustador" ou "Puxa, isso pode mesmo machucar", o que ouvíamos era "Não seja tolo. Não há nada para temer", ou "Deixe de agir como um bebê. Isso não dói". No fim, acabávamos entendendo a mensagem. Ninguém estava nos ouvindo!

Caso os adultos tivessem nos ouvido melhor, seríamos melhores ouvintes.

Hoje em dia, muitos pais procuram mostrar aos filhos que os estão ouvindo, ao reconhecerem os seus sentimentos. Por exemplo, Sarah, participante de um de meus cursos, lembrou a ocasião em que seu filho precisou de uma injeção de antibióticos para combater uma infecção séria. A enfermeira entrou na sala de exames segurando uma seringa com uma agulha enorme e disse ao garoto de seis anos: "Não vai doer nada".

Sarah olhou para ela e disse: "Quem você está querendo enganar? É claro que vai doer!" Sarah pediu que a enfermeira saísse da sala por alguns minutos. Seu filho já tinha descido da mesa de exames e estava encolhido no canto da sala, chorando e dizendo: "Mamãe, estou com medo. Isso vai doer? Estou com medo".

Sarah ajoelhou-se ao lado do filho e disse: "Sei que está com medo, querido. Você nunca tomou uma injeção como esta. Vai doer por alguns segundos, mas depois não doerá mais".

Satisfeito por ter sido ouvido pela mãe que lhe deu uma resposta honesta, o garoto voltou bravamente à mesa de exames e tomou a injeção sem protestar.

Obviamente, Sarah é uma boa ouvinte, mas será que foi sempre assim? A resposta é não. Ela aprendeu a ouvir porque queria ser uma boa mãe. Você também pode aprender, usando os passos mostrados abaixo. E saberá se está realmente ouvindo seu parceiro quando:

1. Der a ele toda a sua atenção, olhando-o diretamente.
2. Não interrompê-lo, exceto para fazer perguntas para melhor compreender o que ele está dizendo.
3. Contar o que você acha que ele está dizendo.
4. Não julgar, criticar nem minimizar o problema dele.
5. Admitir que ele não deseja seus conselhos, a não ser que os peça.

Se você puder praticar esses cinco passos quando seu parceiro estiver falando, estará ouvindo com o coração. Enquanto ele estiver falando, se você começar a pensar em maneiras de ajudá-lo a resolver o problema, ou em como irá responder, então você não o estará ouvindo! Você só deverá dar palpite quando ele disser que deseja seus conselhos. Quando não damos conselhos se não nos pedem, estamos dizendo aos nossos parceiros que acreditamos na capacidade deles para resolver seus próprios problemas.

Debbie, uma articulista autônoma, ficou chocada quando, sem motivo aparente, o jornal para o qual vinha colaborando cancelou sua coluna semanal. Quando Rob, seu marido, chegou em casa naquela noite, encontrou-a muito perturbada. Rob teve uma grande oportunidade de ouvi-la sinceramente, mas quis dar palpite e perdeu essa chance. A conversa deles foi assim:

ROB: Deb, o que aconteceu?

DEBBIE (*começando a chorar*): Não posso acreditar. Meu editor ligou-me hoje e disse que meu artigo escrito na semana passada foi o último. Minha coluna acabou.
ROB: Você está brincando!
DEBBIE: Estou chocada. É como estar aqui hoje e sumir amanhã.
ROB: Você perguntou por que sua coluna foi cortada?
DEBBIE: Ele disse que a seção não estava conseguindo anunciantes em quantidade suficiente e por isso foi necessário fazer vários cortes. Minha coluna foi uma delas.
ROB: Por que você não liga para ele e vê se ele a deixa escrever uma vez por mês?
DEBBIE: Não quero escrever uma vez por mês. Quero de volta minha coluna semanal!
ROB: Por que você não tenta escrever para um jornal comunitário? Estou certo de que haveria interesse pelo seu trabalho.
DEBBIE: Não quero escrever para nenhum outro jornal.
ROB: E quanto a revistas?
DEBBIE (*subindo para o quarto*): Quero ficar sozinha.

Rob se esqueceu das duas regras mais importantes para ouvir. Ele não se colocou no lugar de Debbie, nem descreveu os sentimentos dela, e deu conselhos quando ela não os tinha pedido. Esta poderia ter sido uma oportunidade para que eles ficassem sinceramente unidos.

Caso tivessem feito isso, a conversa deles poderia ter sido assim:

ROB: O que aconteceu?
DEBBIE (*começando a chorar*): Não posso acreditar. Meu editor ligou-me hoje e disse que meu artigo escrito na semana passada foi o último. Minha coluna acabou.
ROB: Você está brincando!
DEBBIE: Estou chocada. É como estar aqui hoje e sumir amanhã.
ROB: Você está se sentindo um tanto descartável, não?
DEBBIE: Sim. (*Recomeçando a chorar.*)
ROB: Venha cá querida. (*Colocando os braços em torno dela.*) Sinto muito que isso tenha acontecido.

DEBBIE: Simplesmente não entendo como um jornal pode cancelar uma coluna popular como a minha.
ROB: É irritante ver outras pessoas tomarem decisões que afetam aquilo que a gente gosta de fazer.
DEBBIE: Sinto que não tenho nenhum controle.
ROB: Isso deve ser horrível.
DEBBIE: É sim.
ROB: Você é uma excelente redatora e sua coluna é notável. Sinto muito que isso tenha acontecido.
DEBBIE: Oh, querido. Obrigada por ser o meu maior admirador.

Debbie se sentiria mais próxima de Rob porque ele a teria ouvido realmente e reconhecido seus sentimentos.

Na maior parte das vezes, seu parceiro não deseja ouvir conselhos. Quer apenas desabafar e saber que você está disposto a ouvi-lo. Uma das minhas alunas contou que antes de se casar pela segunda vez explicou a Al exatamente como era esse conceito. "No meu primeiro casamento, meu marido sempre queria solucionar qualquer problema que eu tivesse. De certa forma, seus conselhos sempre faziam com que eu sentisse que ele me considerava uma criança. Sei que muitos homens têm dificuldades para apenas escutar, que eles acham que precisam fazer alguma coisa; assim, decidi explicar a Al que, a menos que eu lhe pedisse conselhos, tudo o que desejava era que ele me abraçasse e me desse atenção. Acho que ele estava ouvindo, pois estamos juntos há quinze anos e seus braços e o coração estão sempre abertos quando eu o procuro com algum problema. Mas, se eu não pedir especificamente, ele nunca me dá conselhos."

Corte o Mal pela Raiz

Em qualquer relacionamento prolongado haverá muitos dias em que alguma coisa que seu companheiro (ou companheira) faz o deixará irritado, ofendido ou mesmo furioso. Bem-vindo ao mundo das relações humanas! Quando isso acontece, você pode ignorar o fato, escondê-lo embaixo do tapete e esperar que ele reapareça mais tarde, ou pode enfrentá-lo e cortá-lo pela raiz.

Quantas vezes você e seu parceiro discutiram sobre um assunto estúpido, que nada tinha a ver com aquilo que realmente os estava incomodando? Isso é muito comum. E normalmente ocorre porque os casais acham que o problema irá desaparecer ou se resolver por si mesmo. Em vez disso, aquilo que começa como uma irritação sem importância se transforma em um grande ressentimento e, com frequência, em uma discussão dolorosa.

Presenciei um exemplo perfeito disso há pouco tempo, em uma fila de *check-in*, no aeroporto. Quando virei para passar minhas malas alguns centímetros à frente, notei uma família de quatro pessoas atrás de mim. O que chamou minha atenção foi a mãe lutando para empurrar um carrinho de bebê com um saco de fraldas pendurado no braço, ao mesmo tempo que tentava fazer um rabo-de-cavalo nos cabelos da filha menor. O pai carregava uma bolsa de tacos de golfe em um dos ombros e uma mala.

Alguns instantes depois, ouvi uma criança chorar. Várias pessoas na fila viram a mãe praticamente escalpelando a filha enquanto escovava seu cabelo para fazer um rabo-de-cavalo. Depois de cinco minutos com a criança gritando "Não me penteie, mamãe", o pai olhou calmamente para a mulher e disse: "Você precisa fazer isso agora?" Totalmente exasperada, a mãe finalmente desistiu.

Fiquei lá me lembrando de quando nossos filhos eram bebês. Pensei comigo mesma: "Dou a essa mulher muito crédito por viajar de avião com dois filhos pequenos". Quando me virei para dar a ela um olhar de admiração, eu a vi de novo com a escova na mão, pronta para mergulhar novamente nos cabelos da filha. Percebi os olhares das pessoas próximas enquanto ela se preparava para o segundo ataque. Estávamos todos pensando a mesma coisa: "Oh, não, minha senhora. Não faça isso de novo. Por favoooor!" Como era de esperar, seguiu-se uma nova onda de gritos e choro.

Depois de algum tempo pensei que a missão daquela mãe, de fazer um rabo-de-cavalo na filha, era mais que uma questão de cuidado. Por trás da fachada de arrumar o cabelo da filha estava o rosto de uma mulher irritada. A pergunta era: o que deixou essa mulher tão zangada com a filha, a ponto de submetê-la àquela tortura? Então, a fonte de toda a raiva e frustração finalmente surgiu enquanto eu ouvia a seguinte conversa entre marido e mulher:

MULHER: Para mim, não foram férias. Eu via você sair para jogar golfe com seu pai todos os dias, enquanto ficava em casa com as crianças.
MARIDO: Não foi essa minha intenção.
MULHER: Pode não ter sido, mas foi o que aconteceu. Acontece todas as vezes que visitamos seus pais. Seu pai sempre leva você para jogar, enquanto eu fico em casa. Estou cansada de sair de férias e cuidar dos filhos enquanto você joga.
MARIDO (*desviando o olhar*): Sinto muito por você ver as coisas assim.

Embora eu não conhecesse todos os detalhes da vida daquele casal, uma coisa ficou clara para mim. Apesar de estar frustrada com os cabelos da filha, na verdade essa mulher estava irritada com o marido. Infelizmente, a filha foi o alvo de sua ira. É provável que a raiva daquela pobre mulher tivesse se acumulado durante toda a semana, ou mesmo desde a última visita aos sogros. O conflito daquele casal é um caso clássico do que acontece em muitos relacionamentos. Os sentimentos negativos se acumulam e, caso não sejam superados imediatamente, transformam-se em grandes ressentimentos. Infelizmente, há casais que guardam ressentimentos por tanto tempo que perdem o interesse em desfazê-los.

Da próxima vez que você se sentir tentado a ignorar alguma coisa que o aborrece seriamente, lembre-se destas quatro sugestões sobre como cortar o mal pela raiz:

1. Se alguma coisa em seu relacionamento estiver aborrecendo você por mais de dois minutos, converse a respeito disso com seu parceiro.
2. Evite descarregar sua raiva em quem está perto de você, como um filho ou colega de trabalho, controlando imediatamente a situação.
3. A oportunidade é tudo. Se você esperar para discutir um problema muito depois de ter surgido, é provável que você o faça em um lugar inadequado, como na fila de *check-in* do aeroporto.
4. Quando você expressa suas preocupações ao parceiro no momento em que ocorrem, ele estará mais disposto a ouvir. Se você agredi-lo, fazendo um longo e irritado monólogo sobre as questões acumuladas ao longo do tempo, é provável que ele "vá embora" mentalmente, se não for fisicamente.

5. Não se esqueça de cortar o mal pela raiz e você estará fazendo muito para conservar um relacionamento sempre especial.

O Plano K.I.S.S.

Para cuidar de si mesma, você dedica, todos os dias, tempo para dormir, comer, respirar e relaxar. São coisas que seu corpo exige para você permanecer saudável. E seu relacionamento, para continuar saudável, requer atenção a cuidados diários. Mantenha-o especial com uma conversa diária de 30 minutos e ele irá florescer.

Quero que você consiga trinta minutos da sua programação diária para conversar com seu parceiro. Não importa se vocês conversam enquanto caminham, enquanto você dirige ou quando se sentam diante da lareira. Quando ou onde não importa. O importante é que vocês façam isso!

Se vocês estão acostumados a se comunicar somente no nível superficial, então comece nele. Se, nas primeiras vezes em que tiverem uma conversa de trinta minutos, vocês não conseguirem ir além de falar a respeito de coisas como quem levará o carro à oficina, quando sua mãe virá jantar ou a data da festa da sua filha, tudo bem. Trocar informações é melhor que não trocar nada.

Comecem pouco a pouco a trocar opiniões. Apenas procurem aceitar opiniões diferentes. Ao demonstrarem um interesse real pelas ideias um do outro, vocês ficarão surpresos com o quanto irão aprender a respeito de ambos. Falem sobre qualquer coisa – eventos atuais, religião, política, questões comunitárias. O céu é o limite.

Enquanto estiverem juntos, dividam ao menos um sentimento a respeito de qualquer coisa. Adquiram o hábito de falar com o coração, e também com a mente. Vocês poderão sentir-se vulneráveis fazendo diariamente esse contato; mas, para que a confiança se desenvolva no relacionamento, é preciso fazê-lo.

Ouça seu parceiro quando ele está falando. Durante a conversa de trinta minutos, elimine o máximo possível as distrações. Afaste o mundo exterior desligando o televisor, a campainha do telefone e fechando a porta do quarto, se for necessário.

O ABRAÇO DE 20 SEGUNDOS

4

O Toque para todas as Idades

Todos sabem que tocar faz bem. Quer você toque ou seja tocado, o contato físico com outra pessoa alimenta a alma. Desde o momento em que respiramos pela primeira vez até o último suspiro, gostamos de ser tocados.

Você vê essa forte necessidade em bebês que se aninham no pescoço da mãe ou se encaixam nos braços do pai. De acordo com um artigo publicado na edição de agosto de 1997 da revista *Life*, intitulado "The Magic Touch", de autoria de George Howe Colt, o toque pode ser até uma questão de vida ou morte.

Esse fato, descoberto por acaso no século XIII, foi confirmado muitas vezes desde então, mais recentemente na Romênia, no início dos anos 1990. Milhares de bebês foram abrigados em orfanatos e deixados praticamente intocados em seus berços durante dois anos. Aqueles que sobreviveram foram considerados seriamente prejudicados.

Por outro lado, os bebês que são tocados se desenvolvem. No *Touch Research Institute* de Miami, foi constatado que os bebês prematuros que eram massageados três vezes por dia durante dez dias eram mais alertas, ativos e sensíveis que aqueles que não eram massageados. Eles conseguiam dormir mais profundamente, ganhavam peso quarenta e sete por cento mais depressa e recebiam alta seis dias mais cedo.

Até mesmo o toque mais casual pode produzir resultados surpreendentes. Por exemplo, as garçonetes que tocam seus clientes na mão ou no ombro quando devolvem o troco recebem gorjetas maiores que aquelas que não o fazem.

É muito evidente a importância do toque para crianças em idade escolar. As menininhas caminham de mãos dadas ou com os braços na cintura uma da outra. Os meninos também necessitam ser tocados, mas pelo fato de nos Estados Unidos o toque terno entre membros do sexo masculino constituir um tabu social, em vez disso eles trocam socos e pontapés. Eles podem não se dar conta, mas praticam brincadeiras estúpidas porque desejam o contato físico.

Estudos têm mostrado que as crianças cujos pais as abraçam, afagam e tocam são mais felizes e sociáveis e têm menos problemas de ajustamento que as crianças criadas por pais que não as tocam muito. As pesquisas também mostram que essas mesmas crianças quando crescem têm amizades mais íntimas e casamentos mais felizes do que aquelas que não receberam demonstrações físicas de afeição dos pais. Além disso, as culturas que demonstram mais afeição física por bebês e crianças tendem a ter índices mais baixos de violência de adultos.

Nas famílias em que os pais não tocam seus filhos, é claro que os irmãos também não se tocam de modo afetuoso. Rebecca, uma mulher que frequentou um de meus cursos *Light His Fire*, foi criada em uma família que não demonstrava afeição. Em uma das aulas, ela nos contou a respeito das raras ocasiões em que seu irmão a tocava com afeto.

"Eu tinha dezesseis anos", disse Rebecca. "Era meia-noite de um sábado, algumas semanas depois de meu irmão Dale ter se casado com Carla, sua namorada de infância. Fui despertada pelo som da campainha do telefone. Ouvi meu pai atender e dizer: 'Oh, meu Deus. Estaremos aí em um minuto'."

"Saí imediatamente da cama e perguntei ao meu pai quem havia telefonado. 'Foi do hospital. Dale e Carla sofreram um acidente de carro.' Meus pais e eu nos vestimos e corremos até o hospital. Fomos recebidos no pronto-socorro por uma enfermeira que perguntou se éramos a família de Dale'."

"Sim", respondemos.

"Sinto muito", disse ela.

"Sente por quê?", perguntamos.

"A enfermeira nos levou para uma saleta. 'Seu filho está ferido, mas ficará bem', contou ela. 'Sinto muito, mas a mulher dele morreu'.

"No mesmo instante em que nos sentimos aliviados com o fato de Dale estar vivo, ficamos arrasados com a morte de Carla.

"Os dias que se seguiram foram um pesadelo; contar a Dale que ele perdera a mulher com quem se casara há seis semanas, cuidar do funeral. Muitos detalhes eu já esqueci. Mas eu me lembro deste. No dia do funeral, houve uma reunião para parentes e amigos na casa de meus pais. Dale e eu estávamos sentados lado a lado no jardim, conversando com alguns dos convidados, quando de repente Dale tomou minha mão na sua. Fiquei surpresa. Lembro de ter pensado: 'Ele está tocando minha mão. Meu irmão, que nunca tocou em mim com afeto, está segurando minha mão'. Ficamos lá sentados de mãos dadas por vários minutos e, pela primeira vez na vida, eu soube que meu irmão me amava. Dei graças a Deus por ele estar vivo."

Por Favor, Toque

Infelizmente, no mundo de hoje, crianças famintas por toques não podem contar com eles, nem mesmo na escola. Com o aumento das preocupações a respeito de molestamento e abuso sexual nas escolas, o toque tornou-se tabu, até mesmo na pré-escola. Esse tabu está se refletindo no *slogan* "Ensine, não toque". Foi por isso que fiquei tão alegre quando soube recentemente de uma assistente de ensino que é conhecida na escola e na sua comunidade pelos abraços que dá nos alunos. As crianças chamam-na de "Tia Rose".

Tia Rose tem setenta e oito anos e é assistente de ensino do primeiro grau há doze anos. A professora regular ensina as crianças a ler, a escrever e a compreender a aritmética. Tia Rose ensina amor. Ela diz: "Nem sei dizer quantas vezes estou ajudando uma criança com matemática ou leitura e ela me olha com aqueles olhos grandes e diz: 'Tia Rose, posso ganhar um abraço?' Tenho inúmeros cartões de crianças agradecendo por tê-las abraçado".

Os adolescentes querem ser tocados tanto quanto as crianças mais novas. Eles fingem ser frios e distantes, mas por trás daquela atitude de "não ouse me tocar" está uma criança pedindo um grande abraço de urso. Porém, essa negação da necessidade de ser tocado não é universal. Os adolescentes franceses são fisicamente mais expressivos que os americanos. O toque casual, como inclinar-se sobre um amigo ou colocar o braço sobre os ombros de outro, é natural para eles. A psicóloga Tiffany Field, diretora do *Touch Research Institute*, de Miami, constatou que os pais e filhos franceses tocam-se com uma frequência três vezes maior que os americanos, independentemente da idade.

Em uma de minhas aulas, um estudante de nome Frank contou uma história que provocou lágrimas em todos. Frank tinha admitido que não demonstrava muito o seu afeto pelos filhos, especialmente pelo filho adolescente. Como explicou, seu pai não o tocava quando ele era pequeno e, é claro, ele tendia a manter distância de seu próprio filho. Na semana seguinte àquela em que falamos a respeito de tocar, Frank nos contou o que havia acontecido entre ele e o filho durante a semana. Frank tinha uma empresa de carpetes e Rob, seu filho adolescente, com frequência o ajudava a cortá-los à noite.

"Em uma noite da semana passada, Rob e eu estávamos no depósito cortando um pedaço de carpete branco", disse Frank. "Notei que Rob tinha uma lata de refrigerante perto do carpete que estávamos cortando. Mal acabei de dizer 'Rob, tire a lata daí para não derramar', ele bateu nela e derramou o líquido por todo o carpete branco. Normalmente eu teria tido um acesso de raiva. Sou muito duro com Rob, mas devido ao que aprendi neste curso, reagi de forma diferente. Rob sabia que tinha sido descuidado e começou a se desculpar e até a tremer de medo, prevendo minha ira.

"Em vez de gritar, eu disse calmamente: 'Tudo bem, Rob. Vamos limpar isto'. Ele nem me ouviu. Continuou se desculpando, quase chorando. Assim, pela primeira vez em minha vida como pai, fui até ele, dei-lhe um grande abraço e disse: 'Filho, está tudo bem'. Ficamos abraçados por muito tempo. Lágrimas escorriam de nossos olhos como se aquele tapete nos tivesse ajudado a liberar sentimentos de amor nunca antes demonstrados. Rob e eu temos hoje um relacionamento diferente e isso é maravilhoso."

Quando somos crianças, queremos muito ser tocados e, embora possamos negar isso, o anseio por contato físico não desaparece apenas porque somos adultos. Por mais que proclamemos "Não sou chegado a beijos e abraços", no fundo, queremos ser abraçados, acariciados e afagados. O tato é o primeiro sentido desenvolvido nos seres humanos e pode ser o último a desaparecer.

Ruth contou esta história quando falávamos a respeito de toques na classe. Ela tinha acabado de participar de um seminário para voluntários na sua igreja, em que havia muitas atividades em pequenos grupos, concebidas para o desenvolvimento do trabalho em equipe.

"Eu estava entediada e inquieta durante o seminário até que, no fim do dia, realizamos um exercício chamado Caminhada do Anjo", disse Ruth. Ela explicou que o exercício começava com as pessoas formando duas filas, uma de frente para a outra.

"O pastor disse que cada um de nós deveria fechar os olhos, estender os braços para a frente e caminhar entre as duas filas de pessoas. A seguir, ele instruiu as pessoas nas filas para que tocassem a pessoa que caminhava pelo meio e sussurrassem alguma coisa em seu ouvido.

"Observei homens e mulheres com idades entre trinta e setenta e cinco anos caminhando e recebendo toques nas mãos, nos ombros e na cabeça. Quando todos completaram a caminhada, estavam emocionados e alguns até choravam", disse Ruth. "Podia-se ver nos rostos o quanto ser tocado nos afetava."

Um Toque por todas as Razões

Se é tão comovente ser tocado por estranhos, você pode imaginar como é importante ser tocada por seu companheiro? Não importa o quanto vocês tenham se afastado um do outro em seu relacionamento; você deve se lembrar do tempo em que o toque dele a confortava, acalmava ou excitava sexualmente.

Sempre que pergunto aos alunos como o toque dos parceiros os afetava, sempre há muitas pessoas dispostas a responder.

Por exemplo, Joyce contou como Jay, seu marido, confortou-a quando o pai dela morreu. Joyce estava com sua mãe no hospital quando o pai morreu inesperadamente durante uma cirurgia de rotina. De acordo com o cirurgião, a pressão arterial do pai caiu e a equipe não conseguiu salvá-lo.

"Foi um grande choque", disse Joyce. "Lembro-me de ter desmoronado completamente e pensado no quanto queria Jay comigo."

"Jay foi para o hospital logo que recebeu a notícia e em poucos minutos já estava com seus fortes braços à minha volta. Eu soluçava tanto que quase perdi o fôlego. Enquanto ele me apertava contra seu peito, pude sentir o ritmo de sua respiração. Em pouco tempo ele e eu estávamos inspirando e expirando em sincronia, e eu estava respirando normalmente de novo."

De acordo com outro aluno, o toque da sua namorada era curativo. Todd sofria de sinusite crônica e nenhum inalante, descongestionante ou vaporizador se igualava àquilo que Christine, sua namorada, podia fazer com os dedos. "Christine sabe exatamente como pressionar minha testa para aliviar a dor", disse Todd.

Liz contou como esperava todas as noites para se deitar na cama com seu marido enquanto ele acariciava suavemente seus braços. "É maravilhoso", disse ela. "Não importa o tipo de dia que tive, sei que conseguirei liberar meu estresse quando Dennis acaricia meus braços. No Natal ele me deu uma bela pena de pavão para usar em meus braços, mas eu disse que nada poderia substituir seu toque."

Infelizmente, muitos dos casais com quem eu converso sentem aquilo que chamo de "fome da pele". Eles deixam de se tocar por alguma razão – talvez tenham tido uma briga séria ou deixaram muitas pequenas questões não resolvidas. Os dias se transformam em semanas, as semanas em meses e, finalmente, os dois percebem que não se tocam há um ano. Eles até podem manter a vida sexual, mas este não é o tipo de toque ao qual me refiro. Estou falando do toque não sexual, como abraçar, esfregar e acariciar.

Tony, um aluno, lembrou-se da falta que sentia dos toques afetuosos trocados com sua mulher antes de virem os filhos. Todas as noites, após o jantar, Tony se deitava no sofá e ficava com a cabeça no colo de Charlotte enquanto ela acariciava sua testa. "Hoje temos três filhos", disse ele. "Nos últimos doze anos, o colo de Charlotte tem sido o lugar de repouso dos meus filhos, em vez da minha cabeça."

Ted, aluno de um de meus cursos *Light Her Fire*, contou sobre uma técnica que ele e a mulher haviam aprendido em um Encontro de

Casais, anos antes. Eles a usaram com sucesso para permanecer ligados, mesmo quando os filhos eram pequenos.

"Uma vez por semana, fazíamos um 'pele a pele'", disse Ted. De acordo com ele, "pele a pele" significa que, na hora de dormir, ele e a mulher ficavam abraçados nus e dormiam assim. "O apresentador do Encontro queria que aprendêssemos a gostar de tocar o corpo um do outro sem que o sexo fosse a meta", disse Ted. "Devo admitir que no início foi difícil para mim, mas aprendi logo a gostar da sensação do corpo de Shirley perto de mim, sem qualquer expectativa. Sempre que fazemos isso, nós nos sentimos mais próximos um do outro. E o ato de fazer amor sempre é especialmente satisfatório depois."

A necessidade de toques não diminui com a idade. Infelizmente, muitas pessoas mais velhas sofrem de uma séria privação de toques. Elas perderam o companheiro e vivem solitárias, com poucos contatos externos.

A oportunidade de tocar e ser tocado regularmente mostrou ser muito benéfica para os mais velhos, de acordo com um estudo realizado pelo *Touch Research Institute*. Voluntários com mais de sessenta anos receberam três semanas de massagens e foram treinados para massagear crianças pequenas. Essas pessoas ficaram menos deprimidas, menos estressadas e menos solitárias do que antes do estudo. Também foram menos ao médico e se tornaram socialmente mais ativas.

Os Campbell, um casal de mais de oitenta anos, ainda gostam de se tocar mutuamente. Eles moram em um asilo onde Elaine, uma de minhas alunas, trabalhava na arrumação.

"O quarto que eu mais gostava de arrumar era o deles", disse Elaine. "Eu gostava de ver o quanto eles se tocavam."

Elaine nos contou que um dia eles estavam de mãos dadas. No outro, ele estava esfregando loção nas pernas dela. Mais de uma vez ela viu o marido escovando os cabelos da mulher.

"Ouvi dizer que os casais vivem mais que as pessoas que moram sozinhas", disse Elaine. "Do jeito que os Campbell vão, eles irão comemorar juntos seu 110.º aniversário."

Quando a Oportunidade Bater à Porta, Abra-a

Não importa o quanto sua vida diária seja ocupada ou caótica, sempre há oportunidades para tocar seu parceiro. Leia a lista abaixo e veja se você reconhece oportunidades que perdeu.

- **Esfregar os pés nas pernas do parceiro enquanto estão deitados na cama.**

Catherine gostava de se deitar com Jeff, seu marido, e esfregar os pés nas pernas dele. "Os pêlos das pernas dele são muito macios e as pernas são quentes", disse ela. "Gosto disso, em especial no inverno, quando meus pés estão gelados."

"É um pouco chato no inverno", disse Jeff, "mas é um preço pequeno para ficar perto da minha adorada".

- **Tocar os ombros do parceiro quando ele está lendo.**

Casados há quarenta anos, Kate e Jonathan gostam de se aninhar com um bom livro nas tardes de domingo. "Às vezes, eu cuido do jardim enquanto Jon está lendo, ou ele trabalha no porão enquanto leio um livro", disse Kate. "Combinamos que, caso uma grande parte da tarde tenha se passado sem que nos falemos, aquele que não está lendo irá procurar o outro."

"Fico tão envolvido na leitura do último *best-seller* que esqueço de tudo", acrescentou Jonathan. "É bom sentir a mão de Kate em meu ombro para que eu saiba que ela está por perto e me perguntando como estou indo."

- **Abraçar o parceiro enquanto ele está lavando a louça.**

Deborah e Simon dividem as tarefas domésticas. "Simon cozinha e eu lavo os pratos", disse ela. "Embora lavar seja uma das tarefas de que menos gosto, ela traz um grande retorno para mim."

Todas as noites, quando Deborah está mergulhada em espuma de sabão até os cotovelos, Simon enlaça sua cintura. "Ele começa me abraçando por trás e beija suavemente meu pescoço. Em geral o beijo se transforma em mordidinhas. Nas noites em que Simon me abraça e beija minha orelha, jogo a toalha e a louça é lavada somente no dia seguinte."

- **Segurar a mão do companheiro enquanto caminham ou andam de carro.**

    Bill e Gretchen compraram recentemente um carro novo e sua decisão a respeito do tipo de carro mostrou-me que eles põem realmente seu relacionamento em primeiro lugar.

    "Quando saímos para escolher um carro, nós dois nos apaixonamos por um pequeno Fiat vermelho", disse Bill. "Ele tinha tudo o que desejávamos – vidros elétricos, bancos de couro, um toca-CD –, mas não ficamos com ele porque tinha um sério defeito. Uma alavanca de câmbio entre os bancos." Como eles gostam de ficar de mãos dadas, a alavanca de câmbio iria atrapalhá-los. Isso sim é manter suas prioridades.

- **Pôr a cabeça ou os pés no colo do parceiro enquanto assistem à TV.**

    Mary e Ted não assistem muito a programas de TV, mas, quando o fazem, procuram permanecer em contato. "Mantivemos uma rotina por algum tempo", disse Mary. "Ted sentava-se em sua poltrona e eu no sofá. Depois de passar a noite olhando para a TV, nós nos esquecíamos um do outro. Começamos a nos sentir cada vez mais distantes e não sabíamos por quê. Ted teve a ideia de nos tocarmos enquanto assistíamos à TV."

    Agora nós nos sentamos juntos no sofá e um de nós põe a cabeça ou os pés no colo do outro", disse Ted. "É difícil ignorar alguém que está esfregando seus pés ou acariciando sua cabeça. Estamos nos sentindo próximos de novo e assistir à TV ficou muito mais agradável!"

- **Tocar os pés do parceiro por baixo da mesa quando vocês estão em um restaurante.**

    Lee trabalha como vendedor e sua atividade requer que ele e Cindy, sua mulher, levem clientes para jantar várias vezes por semana. "Sei que entreter clientes é importante para a carreira de Lee, mas isso às vezes é cansativo", disse Cindy. "Assim, para apimentar um pouco as coisas, Lee e eu brincamos com os pés por baixo da mesa."

    Em geral é Cindy que inicia o contato dos pés. "Começo tocando o sapato de Lee e a seguir esfrego minha perna na panturrilha dele. É divertido observá-lo tentando se concentrar na conversa enquanto esfrego sua perna sob a mesa."

"Normalmente, eu gosto quando Cindy esfrega minha perna com o pé", acrescentou Lee. "Mas uma vez o sapato dela caiu e precisei pegá-lo embaixo da mesa. Meu cliente morreu de rir."

- **Ter contato em um elevador vazio.**

Sempre que Dorothy e seu marido entram em um elevador vazio, um sorriso se espalha por suas faces. "Fazemos disso um jogo", disse Dorothy. "Tão logo a porta do elevador se fecha, nós nos abraçamos, beijamos e tocamos onde quisermos. É muito excitante saber que só temos um pouco de tempo para fazer isso. Merv fica nervoso quando entramos em um elevador que não dá um aviso quando a porta se abre. Eu adoro. Sem aviso é mais excitante!"

Os casais que têm o hábito de se tocar não têm problemas para encontrar oportunidades. Mesmo na correria do dia a dia, os casais que se amam podem achar maneiras de se tocar. Vicky e Bruce, seu marido, passam a maior parte das noites de verão em um campo de beisebol, pois Bruce é treinador do time do seu filho.

Mas eles não deixam que a cerca os separe. "Sempre vou até as arquibancadas e dou um beijo em Vicky nos intervalos", disse Bruce. Vicky se lembra de duas partidas em que Bruce precisou atuar como juiz. "O pobre sujeito teve de ficar em campo o tempo todo", disse ela. "Mas sempre que um novo jogador entrava e ficava se aquecendo, Bruce e eu nos encontrávamos na cerca e conversávamos, tocando os dedos um do outro através da tela de arame."

Vamos Dançar?

Dançar com seu parceiro é uma oportunidade fabulosa para que vocês se toquem. Infelizmente, o homem, a mulher ou ambos, às vezes, sentem vergonha de ir até a pista de dança.

Andy e Felecia, que foram meus alunos, contaram como a dança renovou o relacionamento deles. Há vinte e quatro anos, Felecia e Andy passaram sua lua de mel em San Juan, Porto Rico. Vestidos com elegância, foram a um restaurante que tinha um ambiente romântico. Os ritmos latinos tocados pela orquestra fizeram com que eles os acompanhassem com os pés, enquanto jantavam e observavam os casais dançando samba, rumba e chá-chá-chá. Eles tiveram a seguinte conversa à mesa:

FELECIA (*olhando timidamente para Andy*): Você quer dançar?
ANDY (*claramente pouco à vontade, mas fingindo estar entusiasmado*): Sim! (*rezando para que ela dissesse não.*) E você?
FELECIA: Eu gostaria, mas não sei dançar dessa maneira. Você sabe?
ANDY (*com um suspiro de alívio*): Não. Nem saberia como começar. Olhe para eles! Como conseguem mexer os quadris daquele jeito?
FELECIA: Não sei, mas gostaria de aprender um dia.
ANDY: Eu também.

Bem, esse "um dia" só chegou para eles muitos anos depois. Nos primeiros vinte e um anos de casamento, eles se sentavam como espectadores em festas de casamento e aniversário, enquanto outros casais dançavam. Então, há três anos aconteceu algo que motivou finalmente Felecia e Andy a ter aulas de dança. A mãe de Felecia, que gostava muito de dançar, recebeu a notícia de que teria de amputar um pé. Três semanas antes da operação, Felecia sentiu uma pontada no coração. Ela se deu conta de que não havia nenhuma garantia de que uma coisa daquelas não aconteceria um dia a ela ou a Andy. Percebeu que era a hora de eles aprenderem a dançar e ambos se matricularam em uma escola de dança.

No início, ela e Andy ficavam inseguros, mas depois de seis meses de aulas de dança eles sentiram-se competentes o suficiente para dançar em qualquer lugar. Fazendo um retrospecto, Felecia e Andy disseram que dançar foi a melhor coisa que já fizeram pelo casamento. "Não só aprendemos a dançar, mas também a nos tocar novamente", disse Felecia.

"Costumávamos ser os primeiros a deixar uma festa de casamento", disse Andy. "Hoje, só saímos quando sai a orquestra."

Os Abraços São Mágicos

Das maneiras que existem para tocar, o abraço é provavelmente a melhor opção. Nós nos abraçamos em horas de alegria, tristeza, júbilo, orgulho, perdão e até mesmo dor. Embora não seja praticado nos Estados

Unidos com tanta frequência quanto em outros países, o abraço é uma linguagem universal. Independentemente de raça ou nacionalidade, um abraço diz: "Eu me importo com você".

Lamentavelmente, na sociedade norte-americana, um estigma cerca o abraço. Em alguma época, muitos americanos captaram a mensagem de que não é masculino dois homens se abraçarem. Se uma mulher abraça um homem, ela tem segundas intenções. Se um pai abraça seu filho, irá torná-lo efeminado. Nenhuma dessas ideias poderia estar mais distante da verdade. Um abraço é uma forma de fazer outra pessoa saber que você se importa com ela, seja homem, mulher, adulto ou criança.

Mas existe uma ocasião em que o abraço acontece regularmente, sem vergonha nem embaraço. Infelizmente, é em funerais.

"Eu estava me sentindo em um nevoeiro durante o velório do meu pai", contou-me uma mulher. "Lembro-me de rostos chegando perto de mim, um de cada vez, e das pessoas dizendo as frases de rotina, 'Meus pêsames', 'Agora ele está no céu', 'A dor se irá com o tempo' ou 'Ele estava sofrendo muito no final. Foi melhor assim'. Por melhores que fossem as intenções de quem falava, aquelas palavras me davam pouco ou nenhum conforto.

"O que me ajudou nas noites e nos dias que antecederam o funeral foi o apoio de pessoas que vinham até mim e nada diziam, apenas me abraçavam. Através de seus abraços recebi o amor e a força de que necessitava para ir em frente."

Um abraço não dado pode ter a mesma força quanto aquele que é dado. Um abraço que é muito desejado, mas não é dado, pode deixar uma lembrança negativa para sempre. Senti a dor de Nanette quando ela contou que isso havia acontecido com ela.

"Eu tinha o papel principal em uma produção teatral da comunidade", disse ela. "Meus pais estavam na primeira fila durante uma das apresentações, e eu ouvia meu pai rindo de muitas das minhas falas. Fiquei muito feliz por ele ter gostado do meu desempenho.

"Meus pais haviam combinado de me encontrar em um restaurante depois do espetáculo. Quando entrei, meu pai veio ao meu encontro com um olhar de aprovação. Eu queria muito que ele me abraçasse, mas em vez disso ele estendeu a mão e disse: 'Bom trabalho'. Dei um sorriso amarelo e agradeci. Se eu ganhasse um *prêmio Tony*, isso não teria apagado a dor que senti naquele momento. Tudo o que eu queria era que meu pai me abraçasse. Quando entrei no restaurante, eu estava entusiasmada e cheia de vida. Quando meu pai apertou minha mão em vez de me abraçar, senti como se ele tivesse tirado a vida de mim."

Não há dúvida de que tocar sustenta a vida. As pesquisas indicam que receber abraços aumenta de forma significativa o suprimento de oxigênio a todos os órgãos de nosso corpo. Até mesmo um simples toque pode reduzir o ritmo de batimentos cardíacos e a pressão arterial. O toque também estimula a liberação de endorfinas, as supressoras naturais de dores do corpo. O toque curativo da massagem estimula a função imunológica, aumenta a capacidade de concentração, reduz a ansiedade e foi demonstrado que tem efeitos positivos sobre cólicas, hiperatividade, diabetes e enxaqueca. Há muito sabemos instintivamente que o toque intensifica a vida. Quando Michelângelo pintou Deus estendendo a mão para Adão no teto da Capela Sistina, ele escolheu o toque para descrever a dádiva da vida.

O poder do toque também pode ajudar a liberar uma vida, como demonstra a história abaixo, contada a mim por Amanda.

Quando Annie, mãe de Amanda, soube que tinha um câncer no pulmão e três meses de vida, Amanda jurou passar todos os dias com ela. Amanda viu, sem poder fazer nada, o câncer se espalhar pelo corpo da mãe até chegar ao cérebro. "Eu nada podia fazer, exceto ajudá-la a se preparar para morrer", lamentou Amanda.

"Uma noite, decidi ir ao cinema com meu marido. Eu tinha estado com minha mãe o dia inteiro e precisava de uma folga. Depois do filme, vi no saguão avisos para que eu ligasse para casa e soube que a hora da minha mãe havia chegado. Meu marido apressou-se para me levar à casa dela. Quando entrei, a enfermeira explicou que minha mãe estava com febre alta. Para a enfermeira, isso era um sinal de que ela não iria durar muito, mas, durante a hora seguinte, a temperatura da minha mãe voltou ao normal. Eu estava cansada e decidi ir para casa. Porém, enquanto me aprontava para sair senti que deveria ficar. Disse ao meu marido que fosse para casa sozinho.

"Cerca de uma hora depois que meu marido saiu, a respiração da minha mãe tornou-se muito difícil. A enfermeira disse que achava que minha mãe estava se preparando para nos deixar. 'Oh, meu Deus,' disse eu. 'O que posso fazer? Gostaria de me deitar na cama e apenas abraçá-la.'

"'Então faça isso', disse suavemente a enfermeira.

"Tirei rapidamente os sapatos, entrei na cama e pus meus braços ao redor do corpo dilacerado da minha mãe. Segurei-a perto do meu coração e sussurrei em seu ouvido o quanto a amava e quanto Deus a amava. Quando olhei dentro de seus olhos e disse 'Estou entregando-a a Deus agora, mamãe', ela deu o último suspiro.

"Esta querida mulher me trouxe para este mundo. Fui abençoada por poder ajudá-la a deixá-lo com um terno abraço."

Abraçar-me É Amar-me

"Abrace-me", "Preciso de um abraço", "Me dê um abraço", "Posso ganhar um abraço?" "Você precisa de um abraço?" "Quer um abraço?" Que homem ou mulher, em qualquer relacionamento amoroso, já não disse ao parceiro uma dessas frases? Os braços do seu parceiro podem ser um refúgio, um santuário, um abrigo seguro para onde você corre quando precisa saber que é amado.

Infelizmente, os casais podem achar dezenas de razões para não se abraçarem. Sandy contou-me uma história a respeito do motivo para ela e o marido não se abraçarem na qual eu nunca tinha pensado. "Tenho um metro e cinquenta e cinco de altura e Walter tem um metro e noventa. Nossos abraços sempre eram muito desajeitados e desconfortáveis. Walter precisava se inclinar sobre mim e eu tinha de inclinar tanto o pescoço para trás que parecia estar na primeira fila de um cinema. Finalmente, concordamos em desistir de nos abraçarmos, até que fiz o curso *Light His Fire*. Quando você falou sobre a importância do abraço, decidi que precisávamos achar uma forma de nos abraçarmos novamente. Imaginei que, se Walter ficasse ao pé da escada e eu no segundo degrau, estaríamos mais ou menos com a mesma altura. Tentamos isso naquela noite depois da aula e funcionou! Depois do abraço, Walter olhou para mim com uma lágrima no olho e disse: 'Foi maravilhoso. Eu sentia muita falta de abraçá-la'. Agora podemos nos abraçar confortavelmente sempre que quisermos."

Acho que se você pensar bem a esse respeito sempre poderá encontrar uma razão para não abraçar seu companheiro. Assim, para mostrar como é fácil encontrar uma razão para abraçá-lo todos os dias, preparei a lista abaixo:

17 Razões para Abraçar seu Parceiro
1. Sem nenhum motivo.
2. Para dizer "Obrigado".
3. Para dizer "Olá".
4. Para dizer "Até logo".
5. Para dizer "Boa-noite".
6. Para dizer "Bom-dia".
7. Para dizer "Feliz aniversário".
8. Para dizer "Sinto muito".
9. Para dizer "Estou orgulhosa de você".
10. Para dizer "Parabéns".
11. Para dizer "Sei que é assustador".
12. Para dizer "Vencemos!"
13. Para dizer "Sei que isso dói".
14. Para dizer "Você é meu herói".
15. Para dizer "Eu te amo".
16. Para dizer "Vou protegê-lo".
17. Para dizer "Você me faz rir".

Um abraço é sempre maravilhoso, mas alguns são mais importantes do que outros e passam a fazer parte de um acontecimento memorável. Por exemplo, Hank contou-me uma história da vez em que um abraço impediu que sua mulher perdesse o controle.

"Foi em uma tarde de verão há uns dois anos", disse Hank. "Márcia e eu saímos cedo do trabalho para ir velejar. Levamos um lanche, música romântica e uma garrafa de vinho. Duas horas depois de partirmos, notei algumas nuvens escuras. Em poucos minutos, a previsão do tempo havia mudado de 'ensolarado com ventos leves' para tempestade.

Disse a Márcia que teríamos de voltar imediatamente. Não sei como isto aconteceu tão depressa, mas antes que eu pudesse nos colocar na direção certa, estávamos cercados por ondas de mais de três metros. Tentei controlar nosso barco, mas continuávamos navegando em círculos de uma onda para outra.

"Lembro que Márcia gritava histericamente 'Oh meu Deus, que faremos?' Dei-lhe um colete salva-vidas e disse-lhe para ir para baixo. Fui me agarrando em tudo para conseguir chegar até o rádio. Depois que chamei a guarda costeira, tudo o que podíamos fazer era sentar e esperar. Fui para a cabine para ficar com Márcia. Ela estava soluçando e dizia 'Hank, estou com tanto medo'. Sentei-me ao seu lado e abracei-a com força. Acho que estava mais assustado que ela, mas, graças a Deus, logo ouvimos a sirene do barco da guarda costeira e fomos resgatados com segurança.

"De vez em quando eu penso naquele abraço. Estou convencido de que ele foi a âncora que nos fez enfrentar aquela provação."

Uma das lembranças favoritas de Laura é a de abraçar seu marido quando ganhou uma viagem de quatro dias às Bahamas. Laura era representante de uma empresa de transporte rodoviário e compareceu ao jantar anual de vendas. "Outro representante me convenceu a entrar no sorteio. Eu nunca havia ganho nada na vida, mas calculei que, se não entrasse, não ganharia, e comprei alguns bilhetes. Mal pude acreditar quando meu número foi sorteado. Quando subi ao pódio e recebi o prêmio, a única coisa que consegui dizer foi 'Mal posso esperar para contar ao meu marido'.

"No caminho para casa, pensei em como contaria a ele. Decidi que iria entrar escondida em casa, vestir meu biquíni e ficar me pavoneando pela casa até que ele perguntasse o que eu estava fazendo. Meus planos nunca chegaram a se realizar. Eu estava tão excitada que, ao entrar em casa, contei tudo. Corri até ele gritando 'Ganhamos, ganhamos!' e pulei para os braços dele, prendendo minhas pernas em torno da sua cintura. Quando mostrei o prêmio, Ray começou a rodar abraçado comigo. Foi um abraço inesquecível!"

Haverá em seu relacionamento ocasiões em que seu parceiro estará de mau humor, com vontade de discutir, pouco razoável e ansioso por uma briga. Nessas ocasiões, a última coisa que você irá querer será abraçá-lo.

Mas, sabe de uma coisa? É nessas horas que ele mais precisa de um abraço. Não há nada como um bom abraço para acalmar e confortar um parceiro irritado.

Esther contou que era exatamente disso que Chuck, seu marido, precisava no sábado anterior à nossa conversa. O dia estava quente e úmido e Chuck tinha trabalhado no jardim desde cedo. Nada estava dando certo. O cortador de grama não pegava, o aspirador quebrou e uma pá que estava encostada na parede da garagem caiu e riscou a pintura do seu carro novinho.

"Quando Chuck entrou para almoçar, estava uma fera", disse Esther. "Quando tentei conversar, ele rosnou para mim. Percebi o quanto ele estava tenso pelo som da sua respiração. Quando ele começou a me culpar por ter escondido seus óculos escuros, eu sabia do que ele precisava. Fui até ele e lhe dei um longo abraço de urso. Enquanto o abraçava, pude sentir seus músculos relaxando e sua respiração ficar mais calma. Ficamos abraçados até que ele disse: 'Obrigado, eu precisava disso'."

E Eu?

Em qualquer dia, existe pelo menos uma razão para abraçar seu companheiro. Mas, e se você quiser um abraço? Se ele não for chegado a abraços, peça um. Se durante o dia você anotou todas as vezes em que queria um abraço, é provável que tenha uma lista como esta:

15 Razões para Pedir um Abraço ao Parceiro
1. Você está cansada.
2. Você está com medo.
3. Você está excitada.
4. Você está com frio.
5. Você está estressada.
6. Você acabou de chegar em casa.
7. Você está saindo.
8. Você vai para a cama.

9. Você acabou de acordar.
10. Você está orgulhosa de si mesma.
11. Você está mal emocionalmente.
12. Você está com dores físicas.
13. Você está doente.
14. Você se sente alegre.
15. Por nenhuma razão.

Há pouco tempo, quando trabalhava no jardim, Theresa teve a oportunidade de pedir que Mike, seu marido, a abraçasse. Certa manhã ela estava ocupada fazendo aquilo de que mais gostava: podando, replantando e semeando, enquanto Mike lia o jornal no jardim. Embora ela estivesse usando luvas de jardinagem, foi espetada no polegar por um espinho de roseira.

"Devo ter agarrado a haste com muita força para o espinho penetrar na luva e no meu dedo", disse Theresa. "Tirei a luva, mas o dedo sangrou por algum tempo. E como doía!"

Depois que Theresa tirou o espinho e enxugou uma lágrima do olho, ela foi mostrar seu ferimento a Mike. "Lembro que estava me sentindo como uma garotinha", disse ela. "Depois que meu marido concordou que aquilo devia ter realmente doído, olhei para ele com ar de desamparo e disse: 'Posso ganhar um abraço?'"

"Ele disse 'Claro' e abriu os braços. Sentei-me em seu colo e encostei a cabeça no ombro dele enquanto ele me dava um forte e amoroso abraço. Aquilo fez com que me sentisse muito melhor."

Em vez de pedir para ser abraçada por causa de cortes e ferimentos, minha filha Tara e Mark, seu marido, aprenderam a transformar tensão em ternura. Sempre que enfrentam uma situação estressante, um se volta para o outro e diz: "Pausa para um abraço!" Eles concluíram, há muito tempo, que, por mais estressados que estejam, se um deles pede uma "pausa para um abraço", o outro concorda.

Eles usaram essa técnica quando planejavam se casar, estavam comprando a primeira casa e os móveis. "Isso funcionava todas as vezes", disse Tara. "Nossas pausas para um abraço aliviavam a tensão e nos davam a energia necessária para prosseguirmos."

Embora não costume pedir o que deseja em um relacionamento, Carl admitiu que pede abraços a Sharon, sua namorada.

"Viajo muito em meu trabalho", disse ele. "Nos quatro anos em que Sharon e eu namoramos, acho que dei duas vezes a volta ao mundo. Viajar é tão rotineiro que minhas partidas também passaram a ser rotina. Sharon me levava até o aeroporto, me dava um beijo rápido nos lábios e acenava ao se afastar. Depois que estava sentado no avião, eu sentia falta de alguma coisa. Essa coisa era um contato de despedida com Sharon. Assim, na próxima vez em que ela me levou ao aeroporto e se inclinou para dar um daqueles beijos rápidos, cobri sua boca com minha mão e disse de forma autoritária: 'Sharon, desça do carro'. Ela me olhou como se eu estivesse doido, mas obedeceu.

"Ficamos ali com o porta-malas aberto, o motor ligado e o carregador esperando impaciente, quando eu disse: 'Que tal um abraço?' Sharon pareceu surpresa, mas riu e disse 'Claro'. Ficamos nos abraçando por mais de um minuto. Naquele dia, não precisei subir no avião para sentir que estava voando!"

Quando um Abraço não É um Abraço

Assim como alguns abraços são mais importantes que outros, alguns deles são mais satisfatórios. Em meus seminários, muitas pessoas dizem que gostariam de abraçar, se o seu ser amado não lhes desse tapinhas nas costas nem as esfregassem durante o abraço.

Quando abordei este assunto em uma aula noturna, Louise falou de repente. "É isso aí!"

Quando perguntei o que era, ela respondeu: "É por isso que nunca sinto uma ligação com meu marido quando ele me abraça. Ele me dá tapinhas nas costas". Louise prosseguiu, explicando o quanto o abraço parecia insincero quando o marido lhe dava tapinhas nas costas, como se ela fosse uma criança. Ela disse que se sentia como se ele a estivesse tratando com condescendência e dizendo: "Vamos, minha filha, está tudo bem".

Quando ela abordou o assunto com Don, ele disse que não pretendia que seu abraço parecesse condescendente. Mas admitiu que poderia parecer. Hoje, quando eles se abraçam, Don envolve Louise em seus braços e a aperta amorosamente contra seu corpo.

De forma semelhante, Joe explicou, na classe dos homens, como Samantha, sua namorada, o abraçava. "Não sei se ela tem tique nervoso, mas quando nos abraçamos ela fica esfregando minhas costas. Parece que ela está tentando me fazer arrotar. Realmente, não gosto disso." Sugeri a Joe que conversasse com Samantha a respeito daquilo. Ele o fez, usando a fórmula de quatro passos que havia aprendido na semana anterior. E ficou sabendo que os pais dela sempre a haviam abraçado daquela maneira. Ela nunca tinha experimentado realmente a intensidade de um abraço afetuoso e prolongado. Depois que Joe ensinou a Samantha como abraçar sem esfregar suas costas, ela foi capaz de dar e receber o abraço. E ela gostou muito da diferença.

O Plano K.I.S.S.

Depois de ler este capítulo, estou certa de que você irá concordar que tocar é uma das necessidades humanas mais importantes que existem. É óbvio que é pelo menos tão importante quanto alimentação e repouso, porque sem estes os bebês morrem. E sem toques, seu relacionamento também morrerá. Mantenha vivo seu relacionamento, mas "Mantenha-o Especial" fazendo dos toques componentes importantes da sua vida conjunta.

A partir de hoje, quero que você toque seu parceiro pelo menos uma vez por dia. Não importa se você irá esfregá-lo, fazer cócegas, arranhar, massagear ou acariciar. O importante é que vocês se toquem todos os dias.

Quero que uma das maneiras pelas quais vocês se toquem durante a semana seja dando um abraço de vinte segundos – não dois segundos, nem cinco, nem quinze – mas vinte segundos inteiros! Aqui o tempo é crítico. São necessários pelo menos cinco segundos para bloquear todas as distrações externas e focalizar seu companheiro. Uma vez feito isso, são necessários outros quinze segundos para permanecer no momento presente com ele, enquanto vocês trocam energia amorosa.

Quando for abraçar, é importante lembrar que você não está apenas dando, mas também recebendo. Assim como no caso do beijo de dez segundos, quando se derem um abraço de vinte segundos, você e seu companheiro começam a respirar em uníssono. Vocês transmitem força vital um ao outro, à medida que se tornam um só ser. Se você se concentrar somente em dar, não ocorrerá esta sagrada troca de energia.

Quando der um abraço, concentre-se em transmitir amor do seu coração. Quando receber um abraço, concentre-se em receber amor em seu coração. Se dedicarem tempo para sentir o dar e o receber, seu abraço irá alimentar você, seu companheiro e o seu relacionamento.

A SEDUÇÃO DE 60 MINUTOS

5

Uma Ligação Amorosa

Você pode identificá-los na multidão. Eles têm energia – uma elasticidade extra em seus passos. Eles se tocam com frequência, trocam olhares amorosos, riem das brincadeiras um do outro. Quem são eles? Um casal com uma boa vida sexual, é claro.

Parceiros acostumados a dividir sua sexualidade são facilmente identificáveis e é um prazer observá-los. Meu marido e eu conhecemos recentemente um desses casais em um hotel para onde tínhamos ido descansar e relaxar durante uma semana. Provas vivas de que a sexualidade não diminui com a idade, Ruth e Perry tinham mais de setenta anos e estavam casados há mais de cinquenta.

Há dois anos, Ruth descobriu um grande tumor maligno na região atrás do joelho direito. Foi necessária uma cirurgia e, posteriormente, quimioterapia. Devido ao tamanho e à localização do tumor, temia-se que Ruth não conseguiria voltar a andar depois de operada. Perry contou-nos que considerava uma sorte estar com boa saúde para poder dar a Ruth a atenção de que necessitava e cuidar dela por vários meses. Ela nos contou com orgulho que atribuía sua recuperação e sua capacidade de voltar a andar aos cuidados cheios de amor e ternura recebidos do marido.

Perry e Ruth contaram que sempre haviam tido um relacionamento íntimo e amoroso, mas que o medo tinha feito que ambos se dessem conta de que talvez não tivessem muito tempo. Eles estavam determinados a não desperdiçar um só minuto.

Meu marido e eu notamos como eles eram brincalhões e românticos quando estavam juntos e como se mostravam atentos em relação às necessidades um do outro. Eles ficavam de mãos dadas em todos os lugares. Perry se preocupava com Ruth, que ainda mancava um pouco. Ele se apressava a abrir portas para ela e puxar sua cadeira quando ela se sentava à mesa. Ruth estava sempre interessada no que Perry pedia ao garçom, certificando-se de que a comida viesse exatamente como ele queria. Quando vinha a sobremesa, cada um provava a que o outro havia pedido. Era um prazer ver o quanto eles gostavam da companhia um do outro.

Eles também eram muito ativos e gostavam de ir a festas e dançar. Por acaso, o Halloween caiu durante a semana em que estávamos juntos, e Perry e Ruth foram a uma festa na casa de amigos. Fantasiados de piratas, eles foram até o restaurante do nosso hotel para mostrar suas roupas. Quando se preparavam para sair, Perry piscou e disse: "Vou ganhar meu verdadeiro tesouro quando voltarmos mais tarde". Ruth riu e disse: "Só se você for um bom pirata".

Certa vez, nós vimos os dois dançando uma música lenta. Eles pareciam esquecidos do que acontecia à sua volta, sussurrando, sorrindo ou rindo baixinho de alguma coisa dita pelo outro. Em outra ocasião, Ruth sentou-se no colo de Perry durante uma palestra porque a cadeira era muito dura e ele queria que ela tivesse mais conforto.

Não tínhamos a menor dúvida de que aquele casal ainda tinha uma vida sexual ativa. Aquelas duas pessoas que haviam sido amantes por mais de cinquenta anos eram uma inspiração para todos nós. O brilho nos olhos deles ficará em nossas memórias por muito tempo, como prova do poder da ligação sexual em um relacionamento.

60 Minutos de Amor

Existem muitas espécies possíveis de ligação sexual entre parceiros. Há a liberação apaixonada, puramente física, de ligação sexual. Há a rapidinha, altamente erótica. Há o sexo realizado por senso do dever e há a ligação sexual desejada por todos, mas que poucos conseguem – a sedução de 60 minutos.

Esta é a espécie de sexo que você planeja, antecipa, para a qual se prepara. Você a curte, e depois que acaba fica a saboreá-la por horas, dias ou semanas. A sedução de 60 minutos é uma oportunidade para que você faça seu parceiro saber o quanto é amado, dando-lhe prazer e deixando que ele lhe dê prazer de todas as maneiras que você desejar.

Os casais que se ligam diariamente com um abraço, um beijo e comunicação profunda irão naturalmente querer continuar esse nível de intimidade na cama. Assim como o corpo, a mente e o espírito não podem ser separados, todos os aspectos do seu relacionamento estão interligados. Atenção e generosidade fora da cama farão parte do seu relacionamento sexual. Os casais que se divertem e são brincalhões em sua vida diária também são brincalhões na cama. Os casais que praticam habilidades de comunicação em geral se comunicam bem na cama. E assim como o corpo requer comida e água para permanecer saudável, seu relacionamento requer uma intimidade sexual regular para melhorar sua saúde.

O Caminho Sexual para a Saúde

Somos seres sexuais e uma vida sexual ativa e satisfatória é um fator importante para nossa saúde geral. Quando fazemos amor, respiramos mais profundamente, aumentando a inalação de oxigênio. Com mais oxigênio na corrente sanguínea, nosso coração bate com mais eficiência, o que ajuda a circular o oxigênio pelo corpo todo. O aumento de circulação acrescenta um brilho saudável à nossa pele e aos nossos cabelos, e uma centelha aos nossos olhos. Além disso, a excitação sexual e o orgasmo fazem com que nosso cérebro libere substâncias químicas denominadas endorfinas, as quais contêm elementos que aliviam dores. Mas o maior benefício de uma vida sexual saudável pode ser o efeito que ela tem sobre nosso sistema imunológico. O dr. Paul Pearsall, diretor de várias clínicas de tratamento sexual nos Estados Unidos, vem estudando o efeito direto da intimidade sexual sobre os sistemas imunológicos das pessoas. Ele constatou que, quando parceiros cuja ligação sexual era pouco frequente ou inexistente passaram a se reconectar sexualmente, registraram cada vez menos sintomas de dores de cabeça, síndrome pré-menstrual e artrite.

Não há dúvida de que a vida fora da cama precisa ser alimentada por coisas como conversas em nível profundo, elogios e toques sem caráter sexual. É preciso muita energia para manter um relacionamento e, caso ele não seja mantido, o ato sexual será muito superficial ou inexistente. O que muitas pessoas não conseguem entender é que o relacionamento "embaixo dos lençóis" requer também muito interesse e atenção. Ele tem vida própria e precisa ser alimentado tanto quanto seu relacionamento fora da cama.

Prevenção do Fracasso

Em sua maioria, as pessoas aceitam simplesmente o fato de que o sexo com o mesmo parceiro irá se tornar entediante e rotineiro com o passar do tempo, mas isso não precisa acontecer. Vocês podem ter sexo quente, terno, rápido ou lento – podem ter sexo da maneira que gostarem, desde que você e seu parceiro estejam dispostos a dedicar pensamentos e energia ao assunto.

Como você classificaria sua vida sexual neste momento? Ela ainda tem o calor que a caracterizava no início do relacionamento ou, como champanha da véspera, começou a perder o sabor e o aroma? Para descobrir quanto calor ainda existe em sua vida sexual, responda ao questionário abaixo.

Questionário de Excitação Sexual
- Você gosta de fazer amor com seu parceiro?
- Você faz com que ele saiba quanto você o deseja?
- Você reserva tempo especial para fazer amor?
- Você cria uma atmosfera romântica, favorável, para fazer amor?
- Você conta ao seu parceiro o que é bom durante o ato sexual?
- Você elogia o corpo de seu parceiro antes, durante ou depois do sexo?
- Enquanto fazem sexo, vocês ficam à vontade com as luzes acesas ou apagadas?
- Vocês variam a hora do dia em que fazem amor?
- Vocês experimentam posições diferentes quando fazem amor?
- Vocês reservam tempo suficiente para preliminares antes de fazer amor?

Caso tenha respondido "não" a mais da metade das perguntas, meu palpite é que sua vida sexual começou a murchar. Continue lendo para ver como, com algumas medidas simples, você pode dar brilho a uma vida sexual embotada. Em pouco tempo, a excitação voltará e seu relacionamento brilhará novamente.

Para Reformular, Olhe à sua Volta

Se sua vida sexual com seu parceiro perdeu o brilho, um lugar óbvio para começar a revivê-la é no quarto. Quando foi a última vez em que você olhou para seu quarto como um refúgio romântico, em vez de um lugar para cair no fim do dia? Caso seu quarto se pareça mais com um fundo de quintal do que com um ninho de amor, é provável que esteja na hora de fazer o que fez Jacqueline. Por incrível que pareça, o catalisador dela para melhorar seu relacionamento sexual com o marido foi uma forte gripe que a manteve na cama por uma semana.

"Lembro-me de estar na cama dia após dia, sentindo-me péssima", disse Jacqueline. "Não sei o que me fazia sentir pior, a gripe ou olhar a semana inteira para um quarto escuro, sombrio e cheio de roupa suja."

"Durante sete longos dias, eu observei que nosso quarto era usado como escritório, lugar para guardar bonecas Barbie e peças Lego, e depósito de roupas sujas. Depois de tropeçar três dias em uma cesta de roupa suja toda vez que ia ao banheiro, jurei que iria transformar nosso quarto no ninho de amor que ele deveria ser.

"Tão logo tive energia, comecei a reforma. Graças às fitas cassete de *Light His Fire*, eu sabia exatamente o que fazer. Comecei com as roupas de cama, substituindo os lençóis de poliéster por novos lençóis de cetim. A seguir, substituí as enfadonhas lâmpadas brancas por outras vermelhas. Coloquei algumas velas aromáticas pelo quarto para me livrar do cheiro de roupa suja. E trouxe alguns CDs românticos para nosso CD player, que eu tinha escondido sob uma mesa.

"Quando meu marido viu nosso quarto transformado, ele ficou radiante. Naquela noite, ele contou que havia começado a se preocupar porque nosso relacionamento estava ficando como nosso quarto – enfadonho e desbotado. Agora, nosso quarto readquiriu seu brilho, assim como nossa vida sexual."

Jacqueline e o marido aprenderam como é importante dedicar atenção ao quarto de dormir. Ele reflete a pulsação da sua vida sexual. No caso de Carter e Jacqueline, ela estava fraca e irregular.

Passamos mais tempo no quarto do que em qualquer outro cômodo de nossa casa. Ele deve ser um santuário privado onde você e seu parceiro podem ficar a sós, longe das pressões e perturbações do mundo exterior. A reforma de um quarto não requer diploma de decorador, nem muito dinheiro. Você precisa somente desejar criar um paraíso privado, onde você e seu companheiro possam partilhar sua sexualidade na segurança dos braços um do outro.

Esforce-se para Reservar Tempo

Mesmo depois de ter transformado seu quarto em um refúgio romântico, não se surpreenda se as demandas da vida diária interferirem em sua capacidade para passar tempo no ninho de amor que você criou.

É por isso que digo aos casais que reservem tempo para o sexo em suas agendas. Por mais rígido que isso possa parecer, é a melhor maneira de assegurar que você e ele permaneçam sexualmente ligados. Nossa vida se tornou tão complicada que hoje até mesmo as crianças em idade escolar precisam ter uma agenda para anotar trabalhos de casa a serem feitos, compromissos sociais, atividades extracurriculares, horários de dentista, lições de música e outros compromissos. Como pais, sua agenda inclui as agendas dos seus filhos, além da de vocês. Com uma vida assim caótica, é fácil negligenciar a vida sexual em benefício de outros compromissos. Mas o compromisso mais importante da sua vida é aquele assumido com seu parceiro. Em vez de esperar para fazer amor no momento certo, vocês devem criar o momento, planejando-o antecipadamente.

Bernardine, que frequentou um de meus cursos *Light His Fire*, contou-me como ficou surpresa ao saber que sua irmã programava sexo com o marido.

"Não acredito", disse Bernardine. "Minha irmã faz anotações na agenda para se lembrar, e ao marido, de fazer sexo! Será que eles não conseguem se lembrar?"

Bernardine explicou que a irmã é garçonete e o cunhado é músico. Como ela trabalha muito no restaurante e ele toca até tarde da noite, muitas vezes eles chegam a passar dias sem ter contato.

Eu disse a Bernardine que sua irmã era uma mulher muito sensata. Ela já conhecia um dos segredos para uma vida sexual saudável... marcar na agenda um horário para o sexo. E por que não? Colocamos nela tantas coisas, de consultas ao dentista a revisões do carro. A vida sexual com nosso parceiro deve certamente receber a mesma prioridade.

Reservar um horário para o sexo é parecido com guardar dinheiro para o futuro. Se você poupar regularmente, sempre terá uma reserva para os tempos difíceis. Programando o sexo regularmente, você terá sempre uma ligação íntima com seu parceiro à qual podem recorrer nas horas de estresse.

Além disso, as pessoas que planejam o sexo antecipam o prazer que sentem por saberem que irão fazer amor. Um homem que programa sexo em sua agenda tem maior probabilidade de ser sensual e sensível, em vez de usar o sexo simplesmente para aliviar a tensão sexual. Uma mulher que programou sexo na agenda tem maior probabilidade de sentir-se ansiosa até chegar a hora, pelo fato de ter tido tempo para se preparar mental e fisicamente.

Qualquer um que conheça minha filosofia sabe que também tenho uma fórmula para o planejamento no longo prazo. Assim, para que os casais possam antecipar o prazer que sentirão quando estiverem juntos, sugiro o seguinte:

- Todo casal deve sair à noite uma vez por semana – sozinhos, sem a distração dos filhos, amigos ou colegas de trabalho.
- A cada três meses, o casal precisa passar uma noite fora – mais uma vez, a sós.
- Uma vez por ano, os casais devem dar uma escapada de uma semana inteira.

Reservando tempo para que um se concentre exclusivamente no outro, o casal pode sentir-se seguro por saber que haverá um relacionamento íntimo e profundo pelo resto da vida.

Hoje É a Noite

Há muitas maneiras de planejar e deixar que seu parceiro saiba que você está interessada em partilhar momentos de intimidade. Aqui estão algumas maneiras divertidas para fazer com que seu parceiro saiba que você o deseja sexualmente:

- Quando programar sexo em sua agenda, use uma caneta de cor diferente para os dias em que quer fazer amor.
- Tenha na cama um travesseiro com um desenho diferente em cada lado. Avise que irá deixar para cima um lado específico nos dias em que quiser fazer amor.
- Deixe uma anotação no prato, na maleta ou na carteira do seu parceiro.
- Tenha um ímã de geladeira especial para ser colocado nos dias em que quiser fazer amor.
- Ligue para seu parceiro, deixe o telefone tocar só uma vez e desligue.
- Enrole um elástico em torno da escova de dentes do seu parceiro para lhe dizer que o dia é hoje!
- Coloque um doce em forma de coração no sapato dele como lembrete.
- Substitua a lâmpada branca do quarto por uma vermelha quando estiver pronta para fazer sexo.
- Ponha um adesivo com um sorriso no volante do carro do seu parceiro.

Esqueça os Compromissos

O que acontece se o seu parceiro comunica que está com disposição para fazer amor, mas essa é a última coisa em que você está pensando? Em vez de rejeitar o impulso do parceiro para estar com você, ou concordar com relutância em fazer amor, entre em uma disposição mental para fazer amor.

Por favor, não me entenda mal. Há certamente ocasiões em que é perfeitamente aceitável dizer não ao sexo. Ninguém deve sentir-se obrigado a fazer sexo se não quiser. Mas, quando você e seu parceiro estão em comprimentos de onda diferentes, quando você preferir desligar a ligar, sua sexualidade é simplesmente uma questão de mente *versus* matéria. Todos sabem que a mente é sua zona mais erógena; portanto, mude de ideia e os sentimentos virão a seguir.

Estar cansado é um estado tão psicológico quanto físico. Por exemplo, você pode sentir-se totalmente exausta no fim de um longo dia, sem nenhuma outra ideia a não ser cair na cama o mais cedo possível. Mas, se alguém importante tocasse a campainha da sua casa e dissesse que venceu o Grande Prêmio da Loteria, de repente você teria energia de sobra. O desejo de cair na cama seria substituído pelo entusiasmo, à medida que sua mente se enchesse de ideias sobre como iria usar o dinheiro. Assim como uma mudança na mente pode enchê-la de energia, ela também pode sinalizar para que seu corpo reaja favoravelmente à ideia de fazer amor.

Caso seu parceiro tenha lhe dado um sinal, é provável que tenha feito isso antecipadamente, dando a você uma excelente oportunidade para se preparar para fazer amor.

Conheço um casal que tem um relacionamento sexual maravilhoso. Quando perguntei a Lynne qual era o segredo, ela disse que tem por hábito estar disponível para o marido sempre que ele manifeste o desejo de fazer amor, mesmo que raramente ela esteja "no clima" quando ele está. "Simplesmente me ponho em um estado mental para fazer amor", disse ela.

"Por exemplo, na semana passada, meu marido deixou um bilhete em minha bolsa, dizendo que mal podia esperar até que nossos filhos dormissem naquela noite, para que pudéssemos ficar a sós.

"Devo admitir que, quando vi o bilhete, a ideia de fazer amor não me entusiasmou. Eu tive um dia extremamente atarefado no escritório e ainda tinha muitas coisas para fazer à noite", disse Lynne. "A última coisa em que iria pensar era fazer amor. Mas, em vez de fechar a mente ao convite de Aaron, pedi que ele me ajudasse em algumas das tarefas. Ele concordou em fazer alguns telefonemas e preparar as crianças para dormir, enquanto eu usava o tempo para relaxar.

"Fui para o banheiro, onde preparei um bom banho de imersão, bem quente, acendi uma vela e ouvi música relaxante no rádio. Deitada na banheira, comecei a me desligar de todos os negócios do dia. Eu só pensava em como era bom ficar em uma banheira quentinha. Gradualmente, comecei a permitir que pensamentos sexuais viessem à minha consciência. Revi mentalmente uma das minhas lembranças favoritas de Aaron e eu fazendo amor. Enquanto via a cena em minha mente, eu podia vivenciar sentimentos sexuais começando a se agitar.

"Não deixei nada de fora do meu sonho de olhos abertos, desde como nos despimos um ao outro até o som da nossa respiração excitada. Permiti-me lembrar cada detalhe apaixonado. Quando esvaziei a banheira e me enxuguei, estava relaxada e ansiosa por estar com meu marido na cama."

Embora, em geral, seja aceito que os homens estão sempre prontos para fazer amor, acredito que tenha havido uma mudança nos últimos anos. Hoje, homens e mulheres estão sob pressões incríveis para ter um bom desempenho em seus empregos, cumprir suas responsabilidades familiares, cuidar da forma física e manter uma vida social ativa. Além disso, espera-se que um homem seja um bom amante, atento para as suas próprias necessidades e para as da mulher. Com todas essas pressões, não é incomum um homem ter dificuldade em preparar a mente para fazer amor. Lembro-me de um aluno que se esforçava muito. Depois de ouvir minhas fitas, Clarence ficou sabendo que seu hábito de trabalhar até tarde da noite era uma punição autoimposta – que ele podia controlar. Uma noite, quando Clarence se sentou diante do computador para preparar uma apresentação, sua mulher começou a massagear seu pescoço e seus ombros.

"O toque de Charisse era bom demais. Eu estava trabalhando na mesma posição por quase duas horas", disse Clarence. "Quando ela sugeriu que eu parasse naquela noite e fosse com ela para a cama, eu lhe disse que iria em seguida.

"Depois que ela saiu da sala eu voltei a trabalhar, mas quando senti o perfume de Charisse e ouvi música suave no quarto, desliguei imediatamente o computador. Porém, eu sabia que também precisava tirar o trabalho da cabeça. Antes de entrar no quarto, respirei profundamente algumas vezes e imaginei o amor apaixonado que estávamos prestes a dividir. Em poucos minutos minha mente estava pronta e, em segundos, o corpo também."

Como Lynne e Clarence, você pode se abrir para sua sexualidade, mesmo que não esteja disposta para o sexo. O relacionamento com seu parceiro depende de você aproveitar as oportunidades para o sexo quando ele expressar interesse, em vez de esperar para quando os dois estiverem dispostos. Siga estes passos para se preparar mentalmente para o sexo:

- Coloque-se em um ambiente relaxante, sem distrações.
- Reserve tempo para afastar pensamentos indesejados e troque-os por pensamentos sexuais.
- Use todos os sentidos para imaginar um encontro sensual entre você e seu parceiro. Permita-se ouvir, ver, cheirar, sentir e até saborear a paixão!

Seu Parceiro Vale o Investimento

Agendar o sexo não só lhe oferece uma oportunidade para preparar a mente para o encontro sensual com seu companheiro, como também para se preparar fisicamente. Se você reservar tempo para a higiene pessoal e para se tornar atraente, seu parceiro saberá que é importante para você.

Por exemplo, Clay, que frequentou um de meus cursos, era mecânico de automóveis. Embora ele tomasse banho de chuveiro todas as noites antes de ir para a cama, sua mulher reclamava da sujeira e da graxa sob suas unhas e da aspereza das suas mãos. Quando soube do que a mulher não gostava, ele começou a usar uma escova de unhas para limpá-las e uma loção amaciante para as mãos.

"Agora Amélia elogia minhas mãos limpas e minha pele macia. Acho que o fato de manter as unhas limpas e a pele macia faz com que ela sinta que é importante para mim", disse Clay.

Se os hábitos de higiene pessoal do seu parceiro tiram seu desejo sexual, use os trinta minutos de conversa para abordar o assunto. Conte-lhe, de forma amorosa, que você reagiria favoravelmente a uma mudança nessa área. Francine me contou que nunca lhe havia ocorrido que o que vestia na cama fosse importante para o seu marido até a noite em que ele mencionou isso. "Sou muito friorenta", contou Francine. "Para mim, uma roupa perfeita era uma camisola de flanela ou um agasalho e meias.

"Certa noite, Lyle e eu tivemos uma conversa a respeito de minhas roupas de dormir. Ele disse que, quando me via tão atraente saindo de manhã para trabalhar e depois me via ir para a cama parecendo um urso, sentia-se pouco importante para mim.

"Se não tivéssemos conversado a esse respeito, eu nunca teria sabido que ele sentia isso. Depois daquela conversa, passei a dar ao meu guarda-roupa noturno a mesma atenção que dava às roupas de trabalho. Na verdade, levo Lyle às compras comigo e, com sua ajuda, adquiri uma bela coleção de *lingerie*. Agora, em vez de vestir um agasalho, eu me aninho junto dele para me aquecer."

Sem Pressão

Embora seja importante permanecer sexualmente ligada ao seu companheiro e planejar para o sexo assim como você planeja todas as outras atividades da vida a dois, não há necessidade de sentir-se pressionada a fazer sexo segundo qualquer programação. Não há regras a respeito da frequência com a qual um casal deve ter sexo. As únicas pessoas que contam são você e seu parceiro.

Infelizmente, muitas pessoas são competitivas a respeito de sexo. Elas querem ter certeza de que estão tendo sexo com frequência igual ou maior que a de qualquer outra pessoa. Somos uma nação movida pela competição e pelo desejo de acompanhar o grupo de referência. Quando o assunto é sexo, essa concorrência se transforma em jogo de números. Sempre me perguntam quantas vezes por semana um casal deve ter sexo. Embora uma vida sexual regular seja boa para você e seu relacionamento, a frequência com a qual vocês fazem amor depende inteiramente daquilo que for mutuamente agradável. Para algumas pessoas, regular significa todos os dias, para outra, toda semana e ainda para outras, duas vezes por mês. Aqui não existe certo ou errado. O importante é que vocês se sintam sexualmente satisfeitos e unidos, além de estarem ligados espiritual e emocionalmente.

As pessoas que mantêm um placar sexual acabam como um homem em um de meus cursos, que trocava o prazer sexual pelo desempenho. Tim aproveitava todas as oportunidades para contar aos outros homens da classe o quanto era ativa sua vida sexual com a mulher, chegando a dizer com orgulho que tinha conseguido fazer sexo no mesmo dia em que passara por uma vasectomia.

As pessoas pressionam a si mesmas a respeito de muitas coisas: ganhar mais dinheiro, conseguir um emprego melhor, acumular mais posses ou tornar-se mais popular. No entanto, pressionar a si mesmo a respeito da frequência de relações sexuais só leva à ansiedade e à tensão. Faça amor porque é bom para você e seu companheiro – não porque está na hora de satisfazer uma estatística imaginária.

O Melhor Afrodisíaco

Quando o assunto é afrodisíaco, as palavras certas, ditas no momento certo, são um fator poderoso. Falar durante o ato, seja em sussurros ou com gemidos, pode enriquecer muito sua vida sexual.

Uma aluna de meu curso *Light His Fire* disse que seu marido fala mais com ela quando eles fazem amor do que em outros momentos durante o dia. "Fora do quarto, ele é um homem de poucas palavras, mas sob os lençóis ele vira um grande falador. Gosto quando ele fala, porque sei que está comigo e não pensando em outras mil coisas."

Cassie, outra de minhas alunas, contou que ela e o marido, às vezes, leem um para o outro antes de fazer amor. "Há muita literatura erótica no mercado", disse ela. "Meu marido e eu nos alternamos na leitura. É um método preliminar maravilhoso. Ouvir nossas vozes é muito mais excitante do que assistir a um vídeo erótico."

Fazer amor é uma ocasião perfeita para cobrir o parceiro de elogios. Pense nisso. Lá estão vocês abraçados, com uma excelente oportunidade para se tocarem e admirar os corpos um do outro de uma forma impossível quando estão vestidos.

Mergulhe na essência do seu companheiro, usando todos os seus sentidos. Sinta seus músculos ou suas curvas. Saboreie o cheiro do corpo ou a fragrância de um perfume. Delicie-se com o corpo dele enquanto observa seus movimentos durante o ato sexual. Mas seja lá o que você fizer, não guarde o prazer só para você. Divida-o com o companheiro. Diga-lhe o quanto ele é excitante e o quanto você gosta da aparência dele, do seu gosto, tato e cheiro.

Conversar durante o ato é uma maneira de vocês se saborearem um ao outro durante a união sexual. Mas, para as mulheres em especial, conversar logo depois do ato é muito importante. Para a maioria das mulheres, ouvir palavras de amor depois do sexo é tão importante quanto ouvi-las antes e durante o ato. Muitas mulheres me contaram que se sentem mais próximas dos parceiros depois do ato do que em qualquer outro momento, fato que lhes permite trocar pensamentos e sentimentos íntimos que normalmente são de difícil comunicação.

Qual É seu Prazer?

Conversar durante o ato sexual é a melhor forma que conheço de evitar ser apanhado na armadilha de ler pensamentos. A feliz euforia da união sexual pode facilmente se tornar um caso de adivinhação silenciosa, se nenhum dos parceiros contar ao outro o que faz com que ele se sinta bem.

Você está no comando. Sua missão é dirigir, orientar e navegar de forma que seu parceiro saiba exatamente que direção tomar para satisfazê-la. A melhor maneira para tirar mais daquilo que já é bom é contar ao parceiro como você se sente bem. Frases como "É isso aí", "É aí", "Isso é bom" e "Continue assim" são mensagens simples, mas diretas, para encorajar seu parceiro a continuar aquilo que está fazendo. Seu talento para dirigir o ato sexual é limitado somente por sua imaginação. Você pode descrever seu prazer com adjetivos, analogias ou exclamações.

Em uma de minhas aulas, uma mulher nos contou que sabia exatamente quando tinha conseguido satisfazer sexualmente seu marido. "Ele sabe como me deixar claro do que gosta, mas quando começa a falar em japonês sei que cheguei lá", disse ela.

Independentemente do que você escolher para dirigir seu parceiro, é importante lembrar que ele não pode ler sua mente ou, em alguns casos, nem mesmo sua linguagem corporal. Muitas vezes, durante o orgasmo, é difícil saber se uma expressão facial reflete prazer ou dor – mais uma razão pela qual é preciso contar ao companheiro o que é bom para você. É igualmente importante contar a ele se algo que ele faz não é bom. A melhor maneira de fazer isso é redirecioná-lo. Depois de contar o que é desagradável, sugira outra maneira pela qual ele poderá agradá-la. Se você expressar somente o desconforto, sem dizer o que pode ser bom, isso poderá dissuadi-lo de tentar dar prazer a você.

Jack, participante de um dos cursos *Light Her Fire*, contou que cometeu vários erros antes de aprender como pedir à mulher que fizesse aquilo que era bom para ele. "Eu realmente estragava tudo", disse Jack. "Estou tão acostumado a comandar pessoas no trabalho que acho que acabei fazendo o mesmo na cama com minha mulher. Eu não percebia na época, mas quando fazíamos amor eu só dizia a ela quando alguma coisa não era boa. Na verdade, eu gritava e dizia 'Não é assim', ou 'Assim é forte demais'. Uma noite ela ficou tão frustrada que disse 'Então faça você mesmo' e saiu do quarto."

No curso, Jack aprendeu a arte do redirecionamento sexual. Em vez de dizer à mulher somente o que estava errado, hoje ele explica o que ela pode fazer para lhe dar prazer. Em vez de dar ordens, Jack aprendeu a contar gentilmente à mulher quando o toque dela é desagradável. Quando ela o acaricia da maneira que ele sugere, Jack reforça o novo toque, dizendo: "Assim está ótimo, querida. Adoro quando você faz isso".

Em sua maioria, as pessoas inicialmente se mostram tímidas para dar instruções ao parceiro na cama, mas se você vem fazendo seu Plano K.I.S.S. depois de ler cada capítulo isso não será difícil. Seja sensível aos sentimentos do seu parceiro, tendo o cuidado para não ofendê-lo. O senso de oportunidade é importante e, se for uma grande mudança, você poderá desejar discuti-la com seu parceiro antes de começar a se expressar no quarto. Uma vez que vocês tenham se acostumado a dizer um ao outro do que gostam e do que não gostam, logo estarão à vontade explorando novas áreas de intimidade. Quando você mostra ao seu parceiro que costuma ouvir e seguir as instruções dele, cuidado! Nunca se sabe em que direção será levado da próxima vez.

Montando o Cenário

Até mesmo o ato sexual mais aberto, honesto e comunicativo pode se tornar tedioso depois de algum tempo. Conversar com o parceiro durante o ato é maravilhoso, mas se vocês disserem sempre as mesmas coisas, nos mesmos momentos, no mesmo lugar, sempre que fizerem amor, sua vida sexual poderá ficar monótona.

Muitos casais usam fantasias sexuais para realçar a vida sexual. Usando a imaginação para criar um cenário sexual, você pode variar a rotina e devolver algum brilho ao relacionamento. Sua descrição pode ser tão gráfica e detalhada quanto você quiser. Embora isso possa parecer inicialmente um pouco esquisito, você é o contador de histórias; portanto, divirta-se pintando um cenário para seu parceiro.

Uma vez que você tenha em mente um cenário sexual, aborde seu parceiro, dizendo: "Faz de conta que..." Quando começar a contar a história, lembre-se de que você está na segurança dos braços dele. Apenas relaxe e siga sua imaginação para onde ela a levar.

Durante meus anos de ensino, alguns casais sentiram-se suficientemente à vontade para me contar sobre alguns dos seus cenários sexuais. Um marido contou que pintava um cenário para a mulher, dizendo: "Faz de conta que não nos conhecemos e estamos no supermercado. Como estamos procurando o mesmo produto no mesmo corredor, nossos carrinhos acabam trombando. Os alimentos do meu carrinho caem no chão. Você pede desculpas pelo acidente e se abaixa para me ajudar a recolher os alimentos. Enquanto observo você recolhendo, fico pasmo com sua beleza. Sou particularmente atraído pelas características clássicas do seu rosto: maçãs proeminentes, lindos olhos e lábios sensuais".

O marido disse que, no início, sentia-se um pouco sem jeito, mas quanto mais ele seguia sua imaginação, mais se descontraía. Quando sentiu que sua mulher respondia com calor e prazer, o ato do amor deixou de ser rotina e ganhou vida.

Stacey, uma mulher que conheci em uma de minhas palestras, contou-me sobre uma fantasia sexual que apresenta de vez em quando ao marido, quando estão fazendo amor. Enquanto eles estão nos braços um do outro, a história começa assim: "Faz de conta que nunca nos vimos e estamos ambos dirigindo na estrada, quando de repente tenho um pneu furado. Paro no acostamento e ligo o pisca-alerta, na esperança de que alguém pare para me ajudar. Você me vê com problemas e para atrás do meu carro. Eu explico que tenho um estepe e algumas ferramentas, mas não tenho ideia de como trocar um pneu. Você diz para eu não me preocupar e que fará a troca em poucos minutos. O dia está quente; então você tira a camisa para começar a trabalhar no carro. Você me explica passo a passo como trocar um pneu, mas não consigo me concentrar naquilo que diz porque estou distraída com seu corpo maravilhoso. Não consigo deixar de olhar para seus bíceps e seus ombros largos e fortes. Quero muito me aproximar e tocá-lo, mas sei que não posso. Em pouco tempo meu pneu está trocado e você voltou a vestir sua camisa. Estendo o braço para apertar sua mão, e..."

Stacey contou que este cenário é o favorito do marido. A cada vez que ela o descreve, muda a parte do corpo que admira e deseja. Ele diz que no final da história se sente um Rambo.

Um casal contou que eles gostam de criar em conjunto seus cenários sexuais. "Um de nós inicia a história e o outro pode fazer acréscimos a qualquer momento. Nenhum de nós sabe exatamente como acabará a história. Achamos isso excitante."

Muitos casais já me contaram que inventar histórias durante o ato sexual acrescenta uma combinação excitante de espontaneidade, sexualidade e imaginação ao relacionamento. Se você tem vontade de experimentar o divertimento de um cenário sexual, mas sente que sua imaginação precisa de um impulso, procure ideias na lista abaixo.

Tempos de Escola

Você e seu parceiro se conhecem durante um curso noturno, em uma escola local. Vocês descobrem que vivem no mesmo bairro e decidem estudar juntos. Por que estão tendo dificuldade para se concentrar?

Tudo se Soma

Você é contador e começou a trabalhar em uma firma de auditoria. No primeiro dia de trabalho, você conhece seu parceiro. Ambos são designados para trabalhar juntos, para o maior cliente da empresa. Enquanto trabalham lado a lado, vocês se concentram mais no corpo um do outro do que nos números da planilha.

Se o Sapato Servir

Você sai para comprar um par de sapatos. Enquanto examina as coleções, seu parceiro, que é o vendedor, pergunta se pode ajudá-la. Você o acha muito atraente e diz que gostaria de experimentar alguns sapatos.

Antes de terminar a compra, você decide experimentar seu parceiro, e não apenas a mercadoria.

Ordem no Tribunal

Você e seu companheiro se conhecem quando estão participando do júri no mesmo julgamento. Você tem dificuldade para compreender os detalhes do caso, porque preferiria sentenciar seu companheiro... a uma noite de amor louco e apaixonado com você.

Em suas Marcas, Atenção, Já!

Você está inscrita para correr uma maratona. É a primeira vez que participa de uma competição. Para não ficar muito para trás, você fixa o olhar na bela criatura à sua frente – seu parceiro. Você está adorando observar cada músculo dele em ação enquanto corre.

Valeu a Espera

Sozinha em um parque de diversões, você espera duas horas na fila para andar na montanha-russa. Quando se senta no carrinho, você vê que o está dividindo com uma pessoa excepcionalmente atraente – seu parceiro. Enquanto o funcionário prende o cinto de segurança, você se prepara para emoções mais fortes do que esperava.

Entrega Especial

Você é entregador da U.P.S. e tem uma encomenda especial para sua parceira. Você toca a campainha. Quando ela responde, você pede que assine o recibo. Enquanto espera pela assinatura, você dá a ela uma lista de razões pelas quais ela deveria convidá-lo para entrar.

Xeque-Mate

Você e sua parceira estão participando de um torneio de xadrez. Ela é tão atraente que você está tendo muita dificuldade para planejar sua estratégia. Para distraí-la, você lhe conta a respeito de todos os movimentos que pretende executar. Não no jogo, mas nela!

Sapateando

Você e seu parceiro se conhecem em uma aula de sapateado. Durante a aula, você não consegue tirar os olhos do corpo dele. Durante uma pausa, você diz a ele como gostaria de explorar seu corpo.

Quando você ficar à vontade usando cenários sexuais em sua vida amorosa, terá criado um mundo romântico, sensual e apaixonado para você e seu parceiro – um mundo sem limites!

O Plano K.I.S.S.

Sua união sexual com seu parceiro é uma dádiva preciosa. Mantenha-a especial dando-lhe a merecida energia amorosa.

Aprendam a conversar durante o ato do amor. Elogie seu parceiro pelo seu corpo e sensualidade. Não é preciso comentários repetitivos, mas um comentário amoroso positivo é algo de que todos gostam.

Conte ao seu parceiro o que a agrada. Ele não pode ler sua mente. Pergunte-lhe o que o agrada. Ouça do que ele gosta e do que não gosta, para saber que direção tomar.

Reserve tempo para sua sexualidade, mesmo que isso signifique programar sexo com a ajuda de uma agenda. Observe as mensagens secretas do seu parceiro, contando que ele quer fazer amor com você.

Pratique entrar em um estado mental de fazer amor. Lembre-se, mesmo que você esteja cansada, seu corpo irá seguir a orientação dada pela mente. O treinamento para sentir mais desejo sexual irá ampliar e aprofundar a intimidade com seu parceiro.

Prepare-se, não apenas mentalmente, mas também fisicamente, antes de fazer amor com seu parceiro. O esforço para se desligar de tudo e ficar atraente para o amor mostra ao seu parceiro o quanto ele é importante para você.

A FANTASIA DE
2 HORAS

6

Ouse Sonhar

Quando em minhas aulas chego ao assunto fantasia, com frequência recebo reações variadas. As faces de algumas pessoas se iluminam, outras permanecem muito quietas e não sorriem; outras, ainda, parecem um pouco surpresas. Uma delas poderia dizer: "Mas eu não fantasio".

"Sim, você fantasia", respondo eu. Todo mundo fantasia. Se as pessoas não tivessem fantasias, não existiria a Disneylândia. Uma fantasia nada mais é do que um sonho. Pode ser um sonho que você espera realizar um dia, ou um sonho tão particular que você não o conta a ninguém, a não ser a seu companheiro. Aposto que você e ele já dividiram muitos sonhos e fantasias ao longo dos anos. Pense a respeito de quantas vezes você ouviu seu parceiro dizer: "Eu gostaria..." Bem, você gostaria de transformar em realidade os sonhos do seu parceiro? Acredite se quiser, você pode satisfazer os desejos do seu parceiro e vou lhe mostrar como. Só é preciso querer agradá-lo, juntamente com um pouco de tempo e esforço, imaginação e alguma ajuda minha. Ao final deste capítulo, você terá todas as ferramentas para produzir uma fantasia que irá surpreendê-lo.

Sua companheira sonha em ser tratada como uma princesa? Você pode torná-la rainha por um dia. Ele sonha ser um piloto de provas? Você pode colocá-lo nos controles para uma noite de voos altos. Pode ser que o sonho dela seja receber um prêmio da Academia de Cinema. Você pode lhe dar um Oscar. Seu parceiro sonha ser forçado a se render à sua forte capacidade de atração sexual? É fácil satisfazê-lo!

Uma fantasia não precisa ser grande para merecer atenção. Muitas mulheres sonham ser surpreendidas com um café da manhã na cama. Um homem que conheço contou que sua fantasia era passar o dia inteiro de pijama e cochilar na hora em que quisesse. Esses são sonhos que você pode transformar em realidade. Não estou dizendo que criar uma fantasia para seu amado será sempre fácil. Poderá exigir um esforço tremendo. Provavelmente será necessário muito planejamento, serão necessárias roupas e adereços; você poderá até precisar pedir a cooperação de outras pessoas para transformar em realidade a fantasia do seu parceiro. Contudo, a energia que gastar para realizar essa fantasia irá alimentar seu relacionamento e mantê-lo quente por muitos meses.

Dele e Dela

A fantasia que você criar para seu parceiro poderá ser muito diferente daquela que criaria para si mesma. A sua pode incluir um ponto deserto na praia ou uma mesa à luz de velas em um restaurante acolhedor. A fantasia do seu parceiro pode ser no chuveiro, no mato ou em um quarto de motel. Sua ideia de parecer *sexy* pode incluir veludo e renda, enquanto seu parceiro pode se excitar com couro e seda.

Em geral, a fantasia de uma mulher satisfaz sua necessidade emocional de ser estimada e adorada. Sua ideia de contato físico, embora leve ao ato do amor, sem dúvida incluiria mãos dadas, abraços e carícias. Quando falo a homens a respeito de criar a fantasia de uma mulher, preciso lembrá-los de que o caminho até o coração de uma mulher não é uma linha reta para seus seios ou órgãos genitais. Se você tem o hábito de tomar a iniciativa sexual em seu relacionamento, e seu parceiro tende a sentir-se pressionado a fazer amor a maior parte das vezes, crie uma fantasia romântica, divertida ou amorosa, sem sexo. É claro que, se, no decorrer da fantasia, ele insistir, bem...

Em geral, a fantasia de um homem está ligada à necessidade que ele tem de ser desejado sexualmente de todas as maneiras possíveis. Quando ensino mulheres a criar uma fantasia para um homem, preciso lembrá-las de que o caminho para o coração de um homem *não* passa pelo seu estômago! De fato, a pessoa que inventou isso devia ser uma mulher que detestava sexo! Você consegue imaginar um homem chegando em casa depois de trinta e cinco anos de casamento e dizendo à mulher: "Sei que fui fiel a você todos esses anos, mas estou indo embora. Encontrei outra mulher que faz um assado irresistível".

Não estou dizendo que alguns homens não possam fantasiar um jantar romântico para dois em uma praia tropical, ou que algumas mulheres não possam criar fantasias a respeito de qual brinquedo sexual usariam com o parceiro. Mas, em meus anos de experiência ensinando homens e mulheres a criar fantasias uns para os outros, ouvir da maioria dos homens que suas fantasias giram em torno da satisfação sexual, e das mulheres que suas fantasias giram em torno da satisfação emocional.

Então, como você satisfaz suas necessidades, quando as do seu parceiro são opostas às suas? Em primeiro lugar, você precisa entender que as necessidades suas e dele não são certas nem erradas – são simplesmente diferentes. Em segundo, entenda que você tem uma opção. Pode esperar que ele seja o primeiro a agir para criar uma fantasia e satisfazer as necessidades dele ou pode esquecer quem age primeiro e tomar a iniciativa você mesma.

Ao longo dos anos, tenho visto muitos relacionamentos fracassar porque ambos os parceiros se recusaram teimosamente a dar o primeiro passo. Não me canso de dizer que não faz diferença quem faz o quê, quando ou com que frequência. O que interessa é o resultado. Se você quer um relacionamento profundo e cheio de amor, precisa estar disposta a fazer o que for necessário para que isso aconteça. Sim, é preciso esforço para manter um relacionamento especial, mas realmente não é importante quem faz o esforço.

Um casal em uma de minhas palestras sentiu os efeitos de esperar até que o outro desse o primeiro passo e nenhum deles ficou feliz com os resultados. Eis como descreveram o que aconteceu em seu relacionamento:

"Posso sentir quando Meg e eu estamos em uma espiral descendente", disse Bob. "Há ocasiões em que ela fica semanas sem querer fazer amor.

Durante esses períodos, não sinto vontade de ficar conversando até tarde, nem de ajudá-la em seu trabalho voluntário na igreja."

Meg disse: "Detesto nossos dilemas. Quando ficamos algumas semanas sem sexo, Bob fica irritadiço e não me toca, nem quer dividir sentimentos. Sei que ele precisa de intimidade sexual, mas teimosamente me recuso porque ele não está me dando apoio".

"Criando fantasias um para o outro, conseguimos sair da nossa espiral descendente", disse Bob. "Sempre que nos sentimos em um beco sem saída, um de nós se dá ao trabalho de preparar o cenário para uma fantasia."

Bob e Meg compreenderam que não importava quem iria satisfazer primeiro as necessidades do outro. Eles não faziam contagem. O que importava era que um deles, qualquer que fosse, fizesse algo para lembrá-los do amor que sentiam um pelo outro.

O Retorno

Quando você cria uma fantasia para seu parceiro, quero que o faça simplesmente para agradá-lo. Lembre-se, você está tentando transmitir-lhe a mensagem de que ele é a pessoa mais importante da sua vida. Seu parceiro se sentirá tão amado e importante que irá retornar dez vezes o seu amor. Vivemos em um mundo que opera de acordo com a lei universal de causa-e-efeito. Aquilo que vai volta. Você colhe aquilo que semeia. Se você deixar de dar amor e apoio ao seu parceiro, receberá isto em retorno – um parceiro sem amor e que não a apoia. Por outro lado, se você der amor sem se preocupar a respeito do que merece em retorno, esse amor voltará diretamente a você. Sua tarefa é dar amor, qualquer que seja a forma que ele assuma. Pode ser um elogio, um beijo de dez segundos ou uma fantasia.

Ele É Couro, ela É Renda

O relacionamento de Darla e Will precisava de um estímulo. Quando parou para pensar no assunto, Darla se deu conta de que a última vez que eles haviam feito algo para romper sua rotina diária tinha sido há seis meses. Em todo aquele tempo, eles nem tinham saído para jantar sozinhos.

Depois de ouvir minhas fitas *Light His Fire*, Darla decidiu criar uma fantasia para seu marido.

Ela sabia que uma das fantasias de Will era visitar uma loja de *lingerie* e acessórios. Ela sempre se sentiu pouco à vontade quando ele tocava no assunto de fazer compras na loja e mudava de assunto para fazê-lo pensar em outra coisa.

"Depois que decidi criar aquela fantasia para Bob, fiquei nervosa, mas foi muito divertido planejá-la", disse Darla. "Quando eu o apanhei no trabalho para levá-lo à loja, sentia-me como no dia do nosso casamento. Meu coração batia tão forte que parecia querer pular para fora do meu peito e as palmas de minhas mãos suavam tanto que eu mal conseguia segurar o volante do carro."

Quando Will entrou no carro, Darla colocou uma venda em seus olhos para que ele não soubesse para onde seria levado.

"Quando Darla tirou a venda e vi a loja, eu não podia acreditar", disse Will. "Parecia um sonho."

Darla e Will entraram de mãos dadas na loja e deram com uma profusão de expositores de livros, jogos, velas, roupas íntimas e outros produtos que Darla nem conseguiu identificar.

Will soltou a mão de Darla e, como um garoto em uma loja de doces, foi diretamente para os brinquedos sexuais expostos na parede do fundo.

Darla ficou parada ao lado do expositor de chocolates em forma de partes íntimas do corpo. "Ele me deve essa", pensou ela.

Darla estava tão pouco à vontade que achou que não seria capaz de suportar permanecer na loja nem mais um minuto. Ela ia dizer a Will que iria esperá-lo no carro, quando notou uma coleção de vídeos expostos em uma prateleira. Quando foi pegar um que parecia interessante, ela esbarrou em outro, causando um efeito dominó que fez com que todos os vídeos eróticos caíssem aos seus pés. Estava imaginando como escapar quando ouviu um vendedor falar do outro lado da loja: "Posso ajudá-la aí?"

"Não, não. Sem problema. Estou bem", respondeu Darla, enquanto corria para a seção de *lingerie* feminina.

"Senti-me melhor examinando a *lingerie*. Parecia até que eu estava em uma loja de departamentos comum, até que Will apareceu com uma roupa que, para ele, iria me deixar uma 'gata', disse Darla." "Lá estava eu em busca de uma camisola feminina rendada que achava que iria excitá-lo e ele me apareceu com um espartilho de couro com uma cinta-liga. Fiquei pasma! Nunca teria pensado que ele pudesse querer que eu vestisse uma roupa daquelas."

Mesmo chocada, Darla lembrou-se de que aquela era a fantasia de Will, e não dela. Assim que eles compraram a roupa, foram para casa e tiveram uma noite inesquecível.

Helen, participante de uma de minhas aulas, disse que sua fantasia era que Lenny, seu marido, a tirasse da rotina doméstica de transportar filhos e lavar o chão e a levasse para uma fuga romântica. A fantasia dela se transformou em realidade quando, certo ano, no Natal, Lenny a levou para uma "caçada do amor".

A caçada começou quando Lenny entregou a Helen um vídeo embrulhado para presente. Depois que ela o abriu, ele pediu-lhe que o colocasse no aparelho e seguisse as instruções que estavam na fita.

"Não consegui acreditar no que vi quando passei o vídeo e vi Lenny, em pé e vestindo um smoking, dando-me instruções para uma caçada do amor", disse Helen.

Na fita, Lenny pediu a Helen para apertar o botão de "pausa" no vídeo e olhar atrás do sofá da sala. Ela olhou e encontrou outro presente. Dentro de uma caixinha havia um pequeno maiô masculino. Em seguida, Helen deveria olhar embaixo do televisor. Lá ela achou um frasco de loção de bronzear.

"Àquela altura, eu estava tão excitada que mal conseguia respirar", disse Helen.

A última instrução de Lenny era para Helen olhar sob o capacho da porta da frente. Quando ergueu o capacho, ela encontrou duas passagens aéreas para Miami! Emocionada, Helen abraçou Lenny para agradecer. "Ainda não terminei", disse ele.

Helen ligou novamente o vídeo e viu o marido anunciar orgulhosamente que iria levá-la para um cruzeiro de três dias nas Bahamas. "Eu me senti mais romântica naquela noite do que em qualquer outra ocasião em nosso casamento", disse Helen. "Não pude me conter com a atenção dele, e meu coração palpitava de amor. Naquela noite, fizemos amor apaixonadamente como há muito tempo não fazíamos."

Eu não Sou Assim

Depois de ler a respeito das fantasias dessas pessoas, você pode estar pensando: "Será que ela está brincando? Eu nunca usaria um espartilho de couro nem seria mestre de cerimônias de um vídeo de caçada do amor".

Há dezenas de razões para um homem ou uma mulher hesitar em criar uma fantasia para seu parceiro. A seguir, apresento algumas que costumo ouvir. Você se reconhece em alguma delas?

- Não tenho imaginação suficiente.
- Não sou do tipo criativo.
- Não tenho energia suficiente.
- Sou ocupado demais.
- Não sou do tipo romântico.
- Tenho medo de que meu parceiro ria de mim.
- Tenho medo de ser rejeitada por meu parceiro.
- Eu me sentiria um impostor.

Se você acredita em sua falta de imaginação ou criatividade, simplesmente perdeu contato com a criança brincalhona que há dentro de você. Todas as crianças têm imaginação e criatividade. Essa qualidade ainda faz parte de você; basta voltar à prática do "faz de conta".

Se você teme que seu parceiro ria de suas tentativas de criar uma fantasia por achá-las tolas, respire fundo e vá em frente. Se ele rir, entenda que é porque não está acostumado ao seu novo comportamento e não sabe como reagir. O riso não significa rejeição; é apenas uma reação nervosa. Ele também não está à vontade.

Para fazer da sua fantasia um sucesso, encoraje seu parceiro a deixar de lado seu ego analítico normal e fingir junto com você. Fique no seu papel enquanto o convence a cooperar e ele não conseguirá deixar de participar da brincadeira. Dentro de cada homem e de cada mulher existe uma criança louca de vontade de sair para brincar. Ela precisa apenas de permissão.

Se você acha que criar uma fantasia para seu parceiro seria uma falsidade, tenho uma notícia para você. Não existe ansiedade, nervosismo ou desconforto que não possa ser aliviado com a ajuda de sonhos, fantasias e faz de conta. A mente é incrível. Pode levá-lo a qualquer lugar que você queira.

Lembro-me de estar deitada em uma mesa fria de metal, em uma sala de hospital com a temperatura de um refrigerador, durante um de meus tratamentos por radiação. Eu estava congelando! Meus dentes batiam e minhas unhas estavam roxas. O que me fez resistir àquele tratamento foi minha capacidade de imaginar que estava deitada na praia em um dia quente de verão. Enquanto minha mente trabalhava para criar minha fantasia, eu conseguia sentir o sangue retornando às pontas dos meus dedos. Assim...

- Se você sente receio de aparecer no escritório do seu parceiro com um buquê de flores, *imagine* que é uma atriz merecedora do Oscar e apareça assim mesmo.
- Se você acha que não tem energia para planejar um jantar temático de surpresa com música, roupas típicas e adereços, *imagine* tê-la e vá em frente.
- Se você acha que não tem criatividade, *imagine* que é a Mestra Criadora de Fantasias e ganhou prêmios por sua produção.
- Se teme que seu parceiro ria de você, *imagine* que nada pode afetar suas tentativas para amá-lo.

Como aprendeu Charlene, uma de minhas alunas, na primeira vez em que criou uma fantasia para seu parceiro, quando fingimos ser alguém que não somos, nosso pretenso eu assume o lugar do nosso eu real.

Charlene usou cabelos compridos e lisos durante os vinte e cinco anos em que estivera casada com Norm. "Ele havia dado a entender várias vezes, ao longo dos anos, que gostaria de me ver com um penteado diferente, mas eu sempre ignorava suas sugestões. Eu simplesmente não conseguia me imaginar com outra aparência."

Com a ajuda e o incentivo das outras mulheres da classe, Charlene, que tendia a ser tímida e retraída, imaginou-se viva e animada, com cabelos curtos e crespos. Houve gritos de aprovação na classe na semana seguinte, quando Charlene entrou parecendo uma mulher totalmente diferente. Ela havia cortado os cabelos na altura dos ombros e feito um permanente! Ela estava radiante enquanto nos contava como tinha surpreendido o marido no aeroporto, alguns dias antes.

"Caminhei na direção de Norman enquanto ele saía pelo portão", disse ela. "Eu estava tão excitada que parecia ter dezesseis anos de novo. Nos segundos seguintes, minhas emoções despencaram quando meu marido passou direto por mim. Voltei-me e chamei seu nome. Nunca esquecerei o rosto de Norman quando se deu conta de quem era eu. No primeiro momento, ele ficou sem fala. A seguir, não conseguia parar de dizer o quanto estava gostando do meu novo visual. Minha decisão de fazer uma mudança mudou também nosso casamento."

Mude sua Imagem

Uma parte importante da criação de uma fantasia é ser capaz de alterar sua aparência para adequá-la ao tema. Caso sua fantasia tenha um tema ligado a acampar, você não irá vestir um terno ou um vestido longo. Mudar sua imagem do dia a dia para se adequar à fantasia faz parte do que torna mágico esse momento especial. Vestir-se como a personagem ajuda na transformação e isto é vital para que seu parceiro participe da fantasia. É muito mais fácil reagir como se você fosse realmente um paciente precisando de cuidados médicos, se o médico estiver de jaleco branco em vez de pijamas! Você pode se imaginar tentando viver uma fantasia de empregada francesa, vestindo pijamas de flanela?

Vestir uma fantasia não é apenas para crianças ou para o Halloween. Você pode se divertir tentando fazer isso em qualquer época do ano. Lily, uma de minhas alunas, mudou sua imagem para o marido todos os meses do ano. Sua amiga Molly fotografou Lily, que posou para doze fotos e fez um calendário para dar ao marido no Natal. Ela e Molly reuniram adereços e complementos para criar um tema diferente para cada mês.

"Pedi que Mitch levasse as crianças a um parque de diversões", disse Lily. "Quando ele perguntou por que, eu respondi: 'Confie em mim. Haverá mais emoção naquilo que estou preparando do que em qualquer montanha-russa em que você vá hoje'."

Depois que Mitch saiu com os filhos, Lily e Molly trataram de trabalhar. As fotos do calendário ficaram assim:

JANEIRO: Lily segura uma taça de champanhe reclinada na cama, vestindo um *baby-doll* de seda e um chapeuzinho de *réveillon*.

FEVEREIRO: Lily está deitada em seu sofá branco com os braços em torno de um enorme coração inflado, com os dizeres: "Amo você tudo isto". Ela veste um *baby-doll* vermelho e preto, uma cinta-liga e meias pretas e sapatos de salto alto vermelhos.

MARÇO: Lily está sentada em uma poltrona de vime, abraçando um coelho de veludo branco. Ela tem aos pés uma cesta de Páscoa. Sua inocência de menininha está em contraste com a pose sensual para o mês de fevereiro.

ABRIL: Mais uma vez, Lily mostra seu lado inocente em pé diante de uma janela, usando uma gravata borboleta rosa e um colar de pérolas. Seus olhos estão voltados para baixo, para uma rosa branca de cabo longo.

MAIO: Lily muda de imagem para o mês de maio. Deitada no chão do quarto, ela posa sedutora de sutiã e calcinhas de renda preta.

JUNHO: Lily veste um biquíni posando sobre uma toalha de praia no *deck* da piscina.

JULHO: Lily mostra seu senso de humor em pé – e nua – por trás da bandeira nacional, saudando a câmera.

AGOSTO: Para o Dia dos Pais, Lily está em um banquinho, vestindo a camisa, a gravata e os óculos bifocais do marido. A maleta de Mitch está aos seus pés.

SETEMBRO: Lily está sentada na banheira, coberta de espuma até os ombros.

OUTUBRO: Lily veste um *baby-doll* de renda preta, botas e chapéu de vaqueiro. Um ventilador por trás da câmera sopra sobre a careta feita de abóbora que ela tem na mão.

NOVEMBRO: Vestindo um *baby-doll* azul e preto e meias pretas, Lily está sentada ao piano, reclinada sobre o teclado.

DEZEMBRO: Lily é vista com um *baby-doll* vermelho e posando diante da porta do quarto, ao lado de uma estátua de madeira de Papai Noel.

Quando Lily terminou a sessão de fotos, estava diplomada em mudanças de imagem. Mitch adorou o calendário e ficou perplexo com aquilo. "Até hoje ele olha para mim e pede: 'Dá pra você ser novembro?'"

Apelar para os Sentidos

Quando for produzir a fantasia do seu parceiro, você desejará estimular o máximo possível de sentidos. Libere sua imaginação enquanto escolhe a iluminação, o perfume, a música, as roupas e a comida de que irá necessitar para tornar realidade o sonho dele.

Todos os sentidos de Jenny estavam excitados quando ela foi chamada no trabalho, pelo marido, para um almoço surpresa em sua casa.

Era o décimo aniversário de casamento deles e Cameron havia tirado o dia para transformar em realidade a fantasia caribenha da sua mulher.

"Tínhamos ido para St. Kitts em nossa lua de mel e estávamos sem dinheiro para voltar lá em nosso décimo aniversário de casamento; assim, decidi trazer um pouco de St. Kitts para Jenny", disse Cameron.

Cameron procurou na internet e descobriu uma empresa que vendia pacotes temáticos para jantares; ele encomendou um com tema caribenho.

"Sempre gostei de cozinhar", disse ele, "portanto, foi muito divertido. Fiz sopa de feijão-preto, um coquetel tropical de banana, bolinhos de abacaxi e a sobremesa predileta de Jenny – torta de lima."

Cameron montou uma mesa de jogo no quarto e cobriu-a com uma toalha de batique e guardanapos combinando. O pacote temático incluía dois flamingos infláveis e dois papagaios para pendurar. A empresa também forneceu dois chapéus de praia, dois colares de plástico e dois óculos escuros. Além disso, Cameron descobriu guirlandas de folhas de palmeira, que usou para decorar as paredes do quarto.

"Quando ouvi o carro de Jenny entrando na garagem, fechei as cortinas do quarto, acendi duas velas e coloquei uma gravação de Jimmy Buffett no toca-fitas. Quando Jenny entrou no quarto, viu-se diante de um paraíso tropical."

Harriett foi outra aluna que aprendeu que, criando as fantasias do companheiro, ela inventaria novas maneiras de amar, bem excitantes.

Uma das fantasias de Pete era fazer um safári na África. Com dois filhos na faculdade, Harriett sabia que uma viagem a outro continente estava fora do orçamento; então ela decidiu usar um pouco de imaginação e muita criatividade para produzir um safári em sua própria casa.

"Antes do aniversário de Peter, passei quase três semanas visitando várias lojas para achar todos os acessórios necessários à criação de um jantar africano", contou Harriett. Ela encontrou um cardápio de cinco itens contendo carne de animais selvagens. Comprou uma cortina para box de chuveiro com estampa de zebra e transformou-a em toalha de mesa e serviços americanos e guardanapos imitando pele de guepardo. Ela até encontrou argolas de madeira para guardanapos, esculpidas na forma de animais africanos.

"A fantasia de Peter foi realmente um trabalho de amor. Detesto cozinhar", admitiu Harriett, "mas por Peter passei sete horas na cozinha preparando sopa nigeriana de amendoim, camarões ao cardamomo e bolinhos de banana. Peter ficou um pouco surpreso quando chegou do trabalho, ouviu tambores da selva ao fundo e me encontrou vestindo a jaqueta safári e o capacete que havia alugado em uma loja de fantasias.

"Mas, quando eu o levei até a sala de jantar, ele ficou aturdido. Ele achou que eu tinha contratado uma empresa especializada, até que lhe contei que havia feito as compras, a decoração e preparado todos os pratos. Peter raramente demonstra suas emoções", disse Harriett, "mas eu soube que havia tocado seu coração quando o vi enxugar uma lágrima."

Fantasia em Construção

Tenho constatado que criar uma fantasia não é tão fácil para algumas pessoas como é para outras. Foi por isso que criei um sistema (eu o chamo "Crie uma Fantasia") para ajudá-los a produzir qualquer fantasia imaginável. Use-o para surpreender seu parceiro com o sonho dele, ou para pedir sua própria fantasia.

Imagine um buffet de fantasia. Na mesa de banquete está uma série de personagens, juntamente com vários alimentos, músicas, cenários, roupas, adereços e atividades diferentes. Tudo o que você precisa fazer é selecionar as coisas de que precisará para construir a fantasia. Junte todas as peças e pronto! Você criou uma lembrança que irá durar a vida inteira. Coma, beba e seja feliz.

Lista de Personagens
- Policial
- Bombeiro
- Eletricista
- Médico
- Piloto de provas
- Caçador de grandes animais
- Coelhinha da Playboy
- *Stripper* (homem ou mulher)
- Escravo(a)
- Mulher do harém
- Empregada francesa
- Manicure
- Cinderela
- Príncipe Encantado
- Cleópatra
- Fred Astaire
- Ginger Rogers
- Vaqueiro
- Astro do cinema
- Rei Arthur

Cenários
- Sua própria casa
- Seu quintal
- Uma praia
- Um parque
- Uma montanha
- Um bar
- Um restaurante
- Um *shopping center*
- Um motel
- Um parque de diversões
- Um barco
- Um avião
- Uma barraca
- Um carro

Trajes
- *Smoking*
- Traje de dança do ventre
- Roupa de banho
- Roupa de vaqueiro
- *Lingerie* (meias-calças, *baby-dolls*, meias etc.)
- Calções de couro
- Tangas, calções de seda

- Biquínis
- Camisola de seda
- Macacão de mecânico
- Roupas de ginástica
- Avental
- Somente um sorriso
- Toalha de praia

- Saltos altos
- Calça ou minissaia de couro
- Trajes medievais
- Casaco de pele
- Jaleco de médico
- Uniforme de policial

Comida

- Chocolate
- Frutas
- Doces
- *Chantilly*
- Caribenha
- Havaiana
- Italiana
- Chinesa

- Indiana
- Árabe
- Mexicana
- Tailandesa
- Francesa
- Grega
- Mel

Música

- Clássica
- *Jazz*
- Canções de musicais
- Sons da natureza
- *Rock* pesado

- *Rock* suave
- Música de fundo
- Música dos anos 1950
- Disco
- Grandes bandas

Acessórios

- Velas
- Jogos românticos
- Vídeos adultos
- Gel, loções, óleos aromáticos
- Tapete de pele de carneiro
- Algemas
- Pistola de água
- Lenços de seda
- Chicote
- Brinquedos sexuais

- Revistas adultas
- Câmera polaroide
- Câmera de vídeo
- Tinta para o corpo
- Tatuagens temporárias
- Plumas
- Espelho
- Literatura romântica ou erótica
- Papel e canetas

- Rolo de barbante
- Blocos *Post-it*
- Travesseiros
- Lâmpadas vermelhas
- Colônias, perfumes
- Reguladores de iluminação
- Lareira
- Maquilagem
- Produtos de manicure
- Perucas
- Flores
- Pétalas de rosas
- Violino
- Bexigas de assoprar
- Banho de espuma
- Lençóis de cetim

Atividades
- Cozinhar
- Comer
- Acampar
- Dança do ventre
- Dirigir
- Nadar
- Andar a cavalo
- Voar
- Esquiar
- Representar
- Dançar
- Fazer *strip-tease*
- Andar de bicicleta
- Turismo
- Fotografar
- Ir às compras
- Caminhar
- Desenhar
- Andar de barco
- Posar
- Jantar fora
- Praticar exercícios
- Andar de balão
- Patinar no gelo
- Patinar
- Fazer mergulho de tubo
- Mergulho com *snorkel*
- Fazer *rafting*

Muitos casais me disseram que examinando as listas eles encontraram o combustível de que necessitavam para alimentar sua imaginação e trazer à vida suas fantasias. Para que você possa ver como funciona a construção de uma fantasia, vou lhe contar algumas histórias de homens e mulheres que usaram o sistema para inspirá-los.

Uma Surpresa de Dia dos Namorados

Merle tinha uma floricultura com sua mulher, Nanette. Era o Dia dos Namorados e os dois estavam trabalhando febrilmente, preparando belos arranjos para os clientes. As seis linhas telefônicas estavam ocupadas. Todos os funcionários estavam atendendo clientes e havia outros clientes esperando.

De repente, todos nós na loja pararam ao som de uma voz alta. Um homem de aparência distinta caminhou até Nanette e anunciou a todos que o marido dela o tinha contratado para cantar uma canção.

"Fiquei perplexa", disse Nanette. "Merle já havia feito algumas coisas muito lindas para mim antes, mas nada igual àquilo."

Enquanto o homem cantava "All I Ask of You", de *O Fantasma da Ópera*, os motoristas entregadores entraram na loja para ouvir, os clientes se aproximaram e os clientes que estavam ao telefone ficaram calados para ouvir aquele momento romântico.

"Comecei a chorar e assoar o nariz, muito antes de a música terminar", lembrou Nanette. Os funcionários que lá estavam falaram sobre a canção a tarde inteira. Nanette, que costumava agir de modo estritamente profissional nessa data, não conseguia parar de sorrir.

Então aconteceu. Outra interrupção!

Desta vez, dois jovens entraram na loja. Um empurrava um carrinho e o outro carregava uma caixa de violino. Enquanto o homem do carrinho montava uma pequena mesa e a cobria com uma toalha branca, o outro tirou o violino e começou a tocar "The Music of the Night", também de *O Fantasma da Ópera*.

"Um dos homens entrou em meu escritório e me acompanhou até a mesa", disse Nanette. "A seguir, ele acendeu as velas, encheu um copo de vinho e serviu uma refeição refinada."

"Eu estava observando tudo dos fundos da loja", disse Merle. "O tempo era crítico. Não sei o que eu teria feito se Nanette tivesse decidido ir ao banco e não estivesse na loja." Na hora certa, Merle apareceu diante da mulher, presenteou-a com uma rosa vermelha e convidou-a para dançar.

"Lá estávamos nós, no meio da nossa loja, dançando", lembra Nanette. "Os telefones tocavam e os clientes nos olhavam, mas eu ignorava tudo. Eu estava vivendo um conto de fadas, em uma terra muito distante."

Acredite se quiser: todas as ideias de Merle para a fantasia foram causadas pela palavra "violino" da lista de adereços.

"Não creio que pudesse ser tão criativo se não tivesse tido a lista de ideias para escolher", disse ele. "Surpreendi Nanette com outra fantasia seis meses depois, em nosso aniversário de casamento. Estou ficando realmente bom nisso."

Um Leito de Rosas

Madeline também usou o sistema "Crie uma Fantasia" para realizar uma fantasia para seu marido.

Madeline sabia há muito tempo que uma das fantasias de Burt era que ela tomasse a iniciativa sexualmente. Através dos anos, era sempre Burt que a abordava, e não o contrário.

Depois de olhar a lista de acessórios e atividades do "Crie uma Fantasia", Madeline teve uma ideia.

"Eu estava tão nervosa", disse Madeline. "Verifiquei todas as coisas de que necessitava, mas andei com minha lista no bolso dois dias até finalmente tomar uma iniciativa. Eu sabia o quanto aquilo significaria para Burt."

O que Madeline decidiu fazer? Ela decidiu assumir o comando! Da lista de acessórios, Madeline escolheu algemas e uma pistola de água. Com esses objetos nas mãos, ela entrou no escritório do marido no horário de almoço, apontou a pistola e disse: "Você está preso. Venha comigo".

Quando Madeline colocou as algemas em Burt, ele sorriu e perguntou: "Mas seu guarda, o que foi que eu fiz?"

"Não é pelo que você fez que eu o estou prendendo, mas pelo que vai fazer", respondeu Madeline. Ela conduziu Burt até o elevador. Kenneth, um colega de Burt, por acaso também estava no elevador. Ele ergueu uma sobrancelha para Burt, mas não disse nada.

"Kenneth, esta é minha mulher Madeline", disse Burt sorrindo. "Vamos almoçar juntos." Kenneth acenou com um olhar que era, em parte, de embaraço, e em parte de inveja.

Quando chegaram em casa, Madeline levou Burt até o quarto, onde ela havia preparado uma hora de amor. Espalhadas pela cama havia pétalas de rosas e vários lenços de seda. Madeline olhou nos olhos de Burt e disse: "A vida com você sempre foi um leito de rosas. Para agradecer, quero fazer amor com você sobre elas". Burt estava radiante. Sua fantasia finalmente se transformara em realidade.

Tempo para o Amor

Clark transformou em realidade a fantasia da sua mulher usando dois itens domésticos simples que escolheu das listas de "Crie uma Fantasia": um rolo de barbante e blocos *Post-it*.

Jill e Clark eram extremamente ocupados e uma das fantasias dela era que Clark parasse no meio da sua vida caótica para mostrar o quanto a amava. Foi o que ele fez.

Eram 18h15min de um dia de semana. Clark parou no caminho para casa e comprou uma pizza que ele e Jill iriam comer antes de correr para suas respectivas reuniões. Naquela noite, a conversa deles foi assim:

CLARK (*entrando em casa com a pizza*): Aqui está a pizza. Ainda está muito quente. É melhor esperar a pizza esfriar para comê-la.
JILL: Não tenho tempo para esperar. Minha reunião começa às sete. A sua só começa às oito, não é?
CLARK: Certo. E como foi o trabalho hoje?
JILL (*olhando para o relógio*): Oh, meu Deus, tenho de ir, senão chegarei atrasada. (*Jill pega o casaco e um pedaço de pizza e dá um beijo rápido em Clark.*) Até mais tarde.

Quando Clark ouviu o carro de Jill se afastando, decidiu fazer algo em que vinha pensando havia algum tempo. Ele queria mostrar a Jill o quanto ela era importante para ele e sabia exatamente como faria isso. Ele achou um rolo de barbante e amarrou uma extremidade na maçaneta da porta dos fundos com um bilhete, que dizia "Siga o barbante". Ele esticou o barbante até o armário de casacos e passou-o em torno de um cabide vazio com um bilhete dizendo "Pendure seu casaco". A seguir, Clark desenrolou o barbante sobre a chaleira, a qual estava ao lado de uma caneca com um saquinho de chá. Clark deixou um bilhete que dizia "Sirva-se de um chá – e de mim". Clark continuou com sua "rede de amor" até terminá-

-la no quarto, onde arrumou uma mesa com velas, uma garrafa de vinho e dois copos. Sua nota final dizia: "Vire-se para ver a pessoa que a adora".

Em pouco tempo e com o auxílio de itens simples, Clark criou uma fantasia da qual Jill iria se lembrar por toda a vida.

Encontro com uma Estranha

Sophie usou vários itens domésticos para criar uma fantasia para Stu, seu marido, mas toda a sua preparação valeu o esforço. Stu sempre dizia que gostaria que Sophie representasse alguém que não fosse ela.

"Sou formada em teatro", disse Sophie, "mas, de algum modo, a ideia de representar para Stu me deixava pouco à vontade. Só depois que vi o sistema 'Crie uma Fantasia' é que tive coragem para atuar para ele."

Para o aniversário de Stu, Sophie decidiu se vestir de uma maneira completamente diferente do normal. Sophie, que é morena, pegou emprestada uma peruca loira da vizinha. De outra amiga ela tomou emprestada uma minissaia de couro preto. Sophie raramente usava maquilagem ou acessórios, mas para aquela ocasião especial ela passou sombra nos olhos, *blush*, batom e usou joias. No dia da surpresa, Sophie ligou para a assistente administrativa de Stu e pediu que ela dissesse a ele que uma mulher, que não quisera deixar o nome, havia telefonado e pedido que ele a encontrasse no restaurante de um hotel local às 18h.

"Quando deixei nossos filhos com a babá, nosso filho de quatro anos perguntou-me se era Halloween", lembrou Sophie. "A caminho do restaurante, comecei a suar. 'Será que estou pronta para uma brincadeira destas?', pensei. Então, comecei a me preocupar com o que havia feito. 'E se Stu pensar que está se encontrando com uma desconhecida e não comigo? E se ele vier por essa razão?'

"Finalmente, forcei-me a parar de pensar e me concentrei no quanto Stu iria gostar daquilo. Cheguei ao hotel antes da hora e, enquanto caminhava pelo saguão, percebi que estava atraindo muitos olhares. Quando me sentei, meu coração batia forte e minhas pernas estavam moles como geleia.

"Exatamente na hora em que eu estava começando a me preocupar de novo com o fato de Stu se encontrar com uma estranha e tentava decidir como deveria reagir diante dessa possibilidade, ele entrou no salão. Com um ar de antecipação, mas um tanto tenso, seus olhos percorreram a sala. Seu olhar passou por mim e depois voltou. Acenei enquanto ele caminhava lentamente na minha direção, com a boca aberta.

"Olá garotão. Puxe uma cadeira e sente-se um pouco, disse eu com minha melhor voz de Mae West. Stu parecia chocado quando perguntou: 'O que você fez? O que é tudo isso?'

"Eu o beijei e disse: 'Feliz aniversário, querido'.

"Stu sacudiu a cabeça, olhou para mim com lágrimas nos olhos e disse: 'Você fez tudo isso para mim?'

"Não só isso, também reservei um quarto para nós, respondi, sentindo-me muito orgulhosa por ter cuidado sozinha de tudo."

Outra mulher me contou que havia criado uma fantasia para o trigésimo oitavo aniversário do marido, usando as listas "Crie uma Fantasia". "Levei meu marido a um bom restaurante para comemorar. Depois do jantar fui ao banheiro, pus um vestido preto justo, voltei à mesa e cantei 'Parabéns a Você' ao estilo de Marilyn Monroe para meu marido, no restaurante lotado. Ele adorou."

Um Cenário para Divertimento

Caso você ainda esteja hesitante depois de examinar as listas de "Crie uma Fantasia" e ler a respeito de como outras pessoas as usaram, tenho mais um truque para ajudá-lo a entrar no reino da imaginação. A seguir, são mostrados vários cenários, cada um derivado de uma única fonte de inspiração. Use-os para disparar sua fantasia.

Use Artigos de Papelaria

Esses artigos podem ser usados para convidar seu parceiro para qualquer evento imaginável. Por exemplo, para seu aniversário de casamento você pode enviar um convite de casamento. Explique que você gostou tanto de casar-se com ele pela primeira vez que deseja fazê-lo de novo. Anexe um questionário perguntando quem deverá ser convidado, qual o tipo adequado de roupa, onde será realizada a cerimônia e qualquer outra pergunta que lhe ocorra. Diga a seu parceiro que você está cuidando de todos os detalhes. Tudo o que ele terá de fazer é dizer "Sim".

Use Tecnologia

Diga ao seu parceiro para reservar tempo na agenda para uma conferência em particular com você. Explique que você tem muitos itens para discutir. Use tecnologias atuais, como telefone, fax ou *e-mail* para descrever com detalhes uma fantasia sexual que você planejou para ele ou ela. Diga que o prazo para o projeto é esta noite. Sem dúvida, ele ou ela não irá parar de pensar em você o dia inteiro e chegará cedo em casa.

Use Brinquedos

Os brinquedos despertam a irresistível criança que há em nós. Vá a uma loja de brinquedos e compre alguns truques de mágica. Existe um conjunto que inclui cartola, varinha mágica, luvas brancas e vários truques fáceis de aprender. Pratique sua apresentação de mágica até dominá-la e entretenha e deslumbre seu parceiro com suas novas habilidades. No meio da mágica, peça-lhe para ser seu assistente. Diga-lhe que você precisa sair da sala por um instante. Volte nua e diga a ele que esse é seu novo número de desaparecimento. Então convide-o a ir até o quarto para aprender novos truques.

Use Comida

Prepare uma refeição com pelo menos quatro pratos. Em vez de se servirem, vocês deverão alimentar um ao outro. Quando ele a alimentar com um garfo, colher ou com os dedos, lamba tudo sensualmente. Terminem a noite assistindo no vídeo ao filme *Tom Jones*, no qual há uma cena de refeição erótica. Antes do fim do filme, vocês estarão famintos um pelo outro.

Use seu Corpo

Seu corpo é um ótimo veículo para expressar seu amor pelo parceiro.

Diga-lhe, com uma semana de antecedência, que tem entradas para um novo espetáculo, muito "quente", mas não diga o que é. Alguns dias antes do espetáculo, envie a ele um ingresso feito em casa com um programa explicando que o espetáculo começa no seu quarto, em determinado horário. Quando seu parceiro chegar, será entretido e excitado pelo seu *strip-tease* pessoal. Explique que o público pode olhar, mas não tocar (até terminar a apresentação), e que as gorjetas serão bem-vindas.

Use Água

A água pode ser um dos métodos mais sensuais para criar uma fantasia. Encha sua banheira com água morna e sais de banho. Convide seu parceiro para tomar um banho relaxante com você. Encha as mãos com água e derrame sobre diferentes partes do corpo dele. Ensaboem-se um ao outro delicadamente, enquanto se deliciam com o prazer de brincar na água.

Use a Natureza

A natureza – suas imagens, seus sons e cheiros – oferece uma maravilhosa oportunidade para que vocês criem uma fantasia.

Leve seu parceiro para uma caminhada no bosque. Você é o guia turístico. Enquanto você e ele seguem a trilha, aponte os diferentes tipos de vegetação. Diga a ele que, mediante uma pequena taxa, você levará somente os naturalistas mais evoluídos a um passeio particular de flores e árvores raras. Enquanto fizerem essa jornada informativa, descobrirão lugares ocultos e deixarão a natureza seguir seu curso.

O Plano K.I.S.S.

Em qualquer relacionamento de longo prazo haverá ocasiões em que ele se transformará em rotina. Se vocês deixarem tempo demais se passar sem mudar a rotina, o relacionamento se tornará tedioso. Antes que isso aconteça, mantenha-o especial reservando tempo para criar uma fantasia para seu parceiro.

O primeiro passo é olhar as listas do meu sistema "Crie uma Fantasia". Crie a fantasia do seu parceiro selecionando o que necessita das listas de lugares, roupas, alimentos, acessórios e atividades.

O segundo passo é sentar calmamente, fechar os olhos e seguir sua imaginação. Dê a ela um pequeno estímulo pensando nos encontros românticos que vocês tiveram no passado. A seguir, use essa energia mental para fantasiar a respeito do que você acha que ele gostaria de ver acontecer no futuro. Desenvolva mentalmente a fantasia até completá-la. Lembre-se, não há limites para transformar em realidade a fantasia de alguém.

O terceiro e último passo é escolher o momento, preparar o cenário e levar seu parceiro à terra da fantasia!

A RAPIDINHA DE 3 MINUTOS

7

Lembro-me do momento exato em que me dei conta de que era realmente uma pessoa adulta. De férias em Las Vegas, meu marido e eu estávamos sentados em um restaurante, para jantar. De repente, tive vontade de tomar um *sundae*. Meu pensamento imediato foi: "Ellen, você não pode tomar um sundae agora. *Sundae* é sobremesa. Nunca na vida você comeu a sobremesa antes do jantar". Então eu fiz o impensável. Pedi o *sundae* e tomei-o antes do jantar. Lembro-me de ter pensado: "Sou adulta. E se quero um *sundae* antes do jantar, eu posso". Foi muito divertido agir por impulso e fazer o que eu queria, apesar do meu aprendizado desde criança. Eu tinha trinta anos no dia em que declarei minha independência comendo a sobremesa antes do jantar.

O que um *sundae* tem a ver com uma rapidinha? Para mim, foi o primeiro passo na recuperação da espontaneidade que eu tinha quando criança. Nem sempre o sexo precisa ser coordenado ou previsto para ser bom. Às vezes, alguns momentos roubados da rotina caótica da vida diária podem fazer com que um casal se sinta íntimo. Quando seu relacionamento é bom e você tem uma vida sexual plena e satisfatória, dar uma "rapidinha" pode ser legal, do ponto de vista sexual. Essas ocasiões podem ter uma intensidade adicional que aumenta o prazer de um abraço rápido o suficiente para fazê-lo valer o risco de uma interrupção.

Abandonar-se a uma rapidinha é difícil para algumas pessoas. Significa agir por impulso, ser espontâneo, talvez até assumir um risco – tudo o que vai contra aquilo que nos ensinaram quando estávamos crescendo. Quando crianças, éramos naturalmente impulsivos. Quando as crianças sentem vontade de fazer uma coisa, elas fazem. Se pedem alguma coisa, esperam consegui-la imediatamente. Parte do crescimento consiste em aprender a adiar a gratificação. Nossos pais nos faziam esperar a sobremesa até que terminássemos a refeição. Tínhamos de fazer nossas tarefas antes de poder brincar. Se quiséssemos ir à casa de um amigo, antes precisávamos fazer as lições de casa.

Quando nos tornamos adultos, continuamos com esse padrão. Algumas pessoas deixam para ter filhos quando estão financeiramente preparadas ou emocionalmente maduras. Muitas pessoas adiam a compra de uma casa até que possam pagar por aquela que desejam. Abafar nossos impulsos e adiar a gratificação faz parte de se ser um adulto responsável. Por outro lado, ser adulto também significa saber quando está certo ser impulsivo. Parte de ser uma "pessoa crescida" envolve ser capaz de permitir que a criança dentro de você saia para brincar quando isso é apropriado. Se você é do tipo que tem dificuldades para ser espontâneo, dar uma rapidinha provavelmente será algo forçado, no início. Você poderá praticar ser espontâneo em situações menos ousadas. O exercício a seguir é apenas uma forma de praticar para ser mais espontâneo. É uma grande aventura para as pessoas que sempre precisam planejar antes de agir. Se você é uma dessas pessoas que nunca sonhariam em entrar no carro sem um endereço e um mapa, pratique por um dia e veja como se sentirá livre.

Reserve um dia para ficar a sós com seu parceiro: sem filhos, nem amigos, vizinhos ou parentes; só vocês dois. Não programe nada. Entrem no carro e saiam sem destino. Parem onde tiverem vontade. Comam o que quiserem. Parem para admirar a vista, caminhem na areia, façam uma caminhada ou explorem as interessantes estradas secundárias em que vocês sempre pensaram. Seja lá o que fizerem, aproveitem ao máximo cada momento. Faça com que seu humor adquira a despreocupação da infância, deixando para trás os pensamentos ligados a negócios não concluídos ou outras obrigações.

Não é preciso passar o dia inteiro praticando a espontaneidade. Há muitas oportunidades no decorrer da vida diária em que você pode ceder a tentações sem maus resultados. Por exemplo, da próxima vez que você passar pelo balcão de cosméticos de uma loja de departamentos, reserve tempo para que a demonstradora faça um retoque em sua maquilagem. Aposto que isso já lhe ocorreu muitas vezes, mas sempre pensou: "Hoje não. Não tenho tempo". Bem, da próxima vez, vá e faça!

E quanto àquela ferramenta especial que você sempre quis, mas nunca se permitiu comprar? Na verdade, ela nem é tão cara, mas você também nunca precisou muito dela. É provável que tenha pensado: "Comprarei quando precisar dela". Por que não comprar agora e ter a alegria de saber que ela está pendurada na garagem, caso você necessite dela no futuro?

Seja espontâneo. Seja um pouco indulgente consigo mesmo. Está certo se permitir romper com o hábito de ser responsável vinte e quatro horas por dia, sete dias por semana. Eu lhe prometo, o mundo não vai acabar e você começará a se sentir mais despreocupado com a vida em geral. Quanto mais praticar ser espontâneo, mais fácil será para você ceder ao impulso de dar uma rapidinha quando essa ideia lhe ocorrer.

Aqui e Agora

Sei que pelo menos ocasionalmente você pensa em seu parceiro, desejando-o impulsivamente. Posso garantir que você não é a única. Centenas de homens e mulheres me contaram que, às vezes, pensam o quanto uma rapidinha poderia ser divertida, mas, em vez de pôr em ação seus pensamentos, muitas vezes eles sabotam seu impulso dizendo a si mesmos: "Melhor não. Não é uma boa hora" ou "Epa. Isso não seria apropriado".

É provável que você já saiba que, se sufocar sempre seus impulsos, esperando para fazer amor no momento perfeito, sua vida sexual irá definhar e morrer. Agora é o momento certo! Este é o lugar perfeito!

Pratique a espontaneidade de todas as maneiras possíveis e, quando chegar o impulso de dar uma rapidinha, você será capaz de agir com a mesma facilidade do casal cuja história narro a seguir. Foi assim que uma de minhas alunas se lembrou de uma tarde recente, que incluiu uma rapidinha com o marido.

"Enquanto eu tirava os cristais da caixa na sala, ouvi Tom, meu marido, subindo a escada do porão com duas caixas de refrigerante nos braços. Era uma tarde de sábado e estávamos preparando a casa para uma festa.

"Por mais que gostemos de festas, sua preparação pode dar um trabalhão. Quando chegam os convidados, muitas vezes nos sentimos como donos de um restaurante recebendo para sua inauguração. Naquela tarde em particular, estávamos exaustos e certamente não nos sentíamos próximos um do outro", disse Amy.

Ela prosseguiu, contando que estava cansada de perder um dia de trabalho se concentrando em outro "evento" que não fosse o seu marido. O mais perto que chegaram de um contacto físico foi quando Tom passou para ela a mesa de jogo.

Enquanto dava os toques finais na mesa, Amy se deu conta de que a casa estava silenciosa. Ela deu uma olhada rápida nas filhas e verificou que a filha de um ano estava dormindo e a de sete anos, Laura, havia acabado de sair para brincar no vizinho. Amy teve uma inspiração súbita.

AMY (*andando pela casa na ponta dos pés, murmurando*): Tom? Tom, onde está você?
TOM (*subindo do porão*): Estou aqui. Por que você está sussurrando?
AMY: Você está ouvindo alguma coisa?
TOM: Não, por quê?
AMY: Sabe o que isto significa?
TOM (*reconhecendo o brilho nos olhos de Amy*): Mas será que dá tempo?
AMY: Claro que sim. Jessica acabou de adormecer e Laura foi brincar na casa do vizinho.

Como duas crianças se esgueirando para fazer algo proibido, Amy e Tom correram para o quarto. No meio do seu momento de intimidade, eles ouviram a porta da frente se abrindo. Em uníssono, sussurraram: "Laura está em casa!" Enquanto se apressavam para vestir as roupas, trocaram uma piscadela, sabendo que iriam se sentir ligados pelo resto do dia.

Amy e Tom são um exemplo perfeito de casal que sabe aproveitar o momento.

Amy seguiu seu desejo repentino pelo marido no meio de um dia de muito trabalho e, agindo de acordo com seus sentimentos, deu a si mesma e a Tom a oportunidade para se sentirem próximos e ligados.

Outro casal que sabe do valor do comportamento impulsivo ocasional são Peggy e Neil, que possuem há dezesseis anos uma loja. Como não podem ter filhos, a loja é a criança deles.

"Eu cuido do pessoal e de compras e Neil cuida do *marketing* e de relações-públicas", disse Peggy.

"Depois do curso *Light His Fire*, tive a inspiração para surpreender Neil com uma rapidinha. Só não sabia onde e quando iria propôr", disse ela.

Então, um dia, quando os dois estavam trabalhando no escritório da loja, Peggy sentiu um ímpeto de espontaneidade e sexualidade. Neil estava falando com o gerente do escritório, quando ela foi até ele e disse: "Desculpe Neil, mas podemos ir até a sala de reuniões por um minuto?"

"Tudo bem", disse Neil.

"Por favor, segure todas as nossas ligações por alguns minutos", pediu Peggy ao gerente.

Neil acompanhou Peggy até a sala de reuniões e observou enquanto ela trancava a porta. "O que está acontecendo?", perguntou.

Peggy arrastou o braço pela mesa, jogando de uma vez todos os papéis que estavam lá no chão, e disse: "Neil, tire as calças. Está na hora de dar uma paradinha!"

Neil comentou: "Agora, sempre que alguém diz 'Deixe isso na mesa de reuniões' ou 'Por que não fazemos isso na sala de reuniões?', olho para Peggy e morremos de rir".

Outra aluna não conseguiu reprimir seus impulsos sexuais quando visitava o zoológico com o marido. O ponto favorito de Fran no zoo era a Ilha dos Macacos. Ela era cheia de rochas que formavam saliências em todas as direções para que os macacos pudessem pular de um nível para outro.

Fran e Don, seu marido, ficaram pelo menos uma hora observando os macacos. "Não sei o que é tão atraente nos macacos", disse Fran, "mas fico encantada com o comportamento deles."

Alguns minutos antes de o zoológico fechar, Fran notou dois macacos namorando. "Veja Don, que belezinhas", disse ela.

"Eles parecem mais bravos do que bonitos", disse Don. "Acho que estamos invadindo a privacidade deles. Vamos embora."

"Espere um minuto", disse Fran, agarrando a mão de Don e conduzindo-o a um ponto distante atrás de uma grande rocha. Nos poucos minutos que tinham antes da hora de fechar, eles deram um novo significado à expressão *coisas de macacos*.

Siga o Líder

Em todas as minhas aulas, palestras e seminários, sempre há pessoas que ficam chocadas com a ideia de uma rapidinha. "Uma rapidinha poderia ser boa para um homem, mas eu preciso de tempo para aproveitar realmente o sexo", costumam dizer as mulheres. Outras pessoas comentam que ficariam tensas demais para fazer sexo se achassem que poderiam ser apanhadas a qualquer momento. Entendo isso perfeitamente.

Depois de anos se comportando como adultos responsáveis e confinando o ato de amor ao quarto, para transformar o sexo em uma aventura espontânea é preciso muita prática. Mesmo que quando jovens possamos ter feito amor em qualquer lugar que quiséssemos, como adultos tendemos a preferir o conforto de uma cama grande e a segurança de uma porta trancada. Sempre digo a essas pessoas que é importante para o relacionamento manter viva a chama com sexo espontâneo.

Em geral, um dos membros do casal é mais espontâneo que o outro. Se você é a parceira mais inibida e cautelosa, permita, em nome do relacionamento, que seu parceiro tenha o prazer de encorajá-la a tentar algo novo. Por outro lado, se você é a mais impulsiva e ousada, encoraje seu parceiro, de forma gentil e amorosa, a ser um pouco mais aventureiro.

Não é incomum que as mesmas pessoas que objetaram à ideia de uma rapidinha quando toquei no assunto na classe ou em uma palestra voltem mais tarde para contar que seguiram meu conselho e estão felizes com o que fizeram.

Uma Brincadeira no Jardim

Neste caso, Marguerite seguiu as pistas de Christopher enquanto eles estavam visitando um museu de arte. A escultura era um dos *hobbies* favoritos dos dois e eles gostavam de passar uma tarde caminhando pelo jardim das esculturas, olhando as grandes estátuas de deuses gregos e, muitas vezes, desenhando aquilo que viam.

"Um dia, quando estava desenhando uma forma feminina particularmente sedutora, Christopher olhou para mim e decidiu que precisávamos fazer amor lá mesmo", revelou Marguerite.

"Eu conhecia o jardim como a palma da minha mão", disse Christopher. "Tínhamos estado lá muitas vezes. Eu sabia que havia uma alcova isolada no fim do jardim. Lá havia somente uma pequena escultura e a maior parte das pessoas nem chegava a vê-la porque ela estava muito longe do caminho. Sugeri em silêncio que fizéssemos amor lá dentro."

"Inicialmente, fiquei extremamente aflita com a ideia e recusei", disse Marguerite. "Não que a ideia não me excitasse, mas eu temia ser apanhada. Mas Christopher me convenceu de que era seguro."

"Marguerite e eu entramos na alcova e puxei um arbusto que estava em um vaso para diante da porta, para garantir que ninguém nos visse", disse Christopher.

"Apesar de rápido, o ato foi incrível", disse Marguerite. "A possibilidade de sermos apanhados tornou-o muito intenso. No fim, ninguém apareceu e será muito mais fácil me convencer da próxima vez em que Christopher quiser uma aventura."

Sexo Náutico

No caso de Marie e Gene, ela era a líder e ele, o seguidor. Esse casal vivia na região nordeste dos Estados Unidos e estava pronto para tirar umas férias tropicais. Eles tinham acabado de enfrentar uma nevasca com mais de meio metro de altura e estavam ficando com claustrofobia.

Gene chegou em casa na semana seguinte à da tempestade com duas passagens para a ilha caribenha de St. Martin. Eles já haviam estado lá anteriormente e estavam ansiosos para tomar sol naquelas belas praias. Logo depois de chegarem, eles acharam uma praia favorita e iam para lá todos os dias. Como sempre, eles nadavam sempre que o sol esquentasse demais.

Um dia, por volta da hora do almoço, Gene e Marie estavam boiando nas águas mornas, quando ela nadou até ele e sussurrou em seu ouvido: "O que você acha?"

"O que acho de quê?"

"Você sabe", disse Marie. "Que tal uma... você sabe."

Surpreso, Gene disse: "Com todas aquelas pessoas sentadas na praia?"

"Olhe para elas", respondeu Marie. "Não estão prestando atenção em nós. Estão querendo se bronzear."

"Não sei", disse Gene, na dúvida.

Mas, antes que ele pudesse fazer qualquer outra objeção, Marie havia tirado o maiô e estava esfregando sua pele nua na dele. Era demais para Gene. "Você me convenceu", disse ele tomando-a nos braços e beijando-a.

Naquela tarde, passear no Caribe tinha um significado totalmente novo para Gene e Marie. E ela estava certa. Ninguém na praia reparou neles. Somente os peixes conheciam seu segredo.

Guardando Segredos

Parte da mística de uma rapidinha pode estar em "beirar o quase ilícito". Manter em segredo seu interlúdio apaixonado acrescenta excitação ao evento. Você se lembra de quando era adolescente e tinha de roubar uma oportunidade para uma rapidinha com seu namorado? Quer vocês fossem à garagem, ao porão ou ao sótão, o elemento de perigo acrescentava aos seus encontros uma emoção que pode estar faltando agora que vocês são adultos. Embora vocês estejam hoje mais velhos, é possível recobrar aquele antigo sentimento. Tudo o que vocês têm de fazer é criar oportunidades para fazer amor sem que seus filhos descubram.

"Com um filho de nove anos e um de onze, achar tempo para fazer amor é um desafio", disse Ed. "Estamos sempre correndo – levando os filhos a campeonatos de futebol e de natação, a aulas de dança; assim, Julie e eu temos de encontrar tempo. Temos um encontro regular nas manhãs de domingo, no chuveiro da nossa suíte, enquanto as crianças estão vendo desenhos na TV. Elas nada percebem. Esse encontro no chuveiro é nosso pequeno segredo."

Quando recentemente mandaram reformar seu banheiro, Julie e Ed embutiram na parede um grande banco para o encontro semanal.

Apesar de serem adultos e casados há vários anos, Nina e Henry ainda fazem coisas às escondidas. Ambos vêm de famílias grandes, que vivem a alguma distância. Em consequência disso, recebem frequentemente visitantes de fora da cidade.

No último dia de Ação de Graças, a casa de Nina e Henry estava lotada de parentes. Os pais dela, dele e quatro primos vieram para ficar vários dias. Nina e Henry não tiveram um momento a sós nesses dias, e isso estava começando a desgastá-los. No dia de Ação de Graças, todos se reuniram na sala depois do jantar para assistir a um filme.

Nina e Henry trocaram olhares de desejo. Nina notou que todos estavam concentrados no filme e então fez um gesto para que Henry a seguisse até o quarto deles. Uma vez lá, Nina abriu a porta do *closet* e puxou Henry para dentro.

"O que estamos fazendo em nosso *closet*?", perguntou ele.

"Achei que este é o único lugar em que podemos fazer amor sem que ninguém apareça", respondeu Nina.

"Então é por essa razão que chamam isto de *closet*?", perguntou Henry.

"Muito engraçado. Fique quieto e me beije", disse ela rindo.

Daquele dia em diante, o *closet* passou a ser o esconderijo secreto de Nina e Henry sempre que eles precisassem escapar dos parentes.

Sem Desgrudar do Olho Mágico

Algumas pessoas são mais aventureiras que outras, ou são simplesmente desesperadas. Tony e sua mulher viram uma oportunidade para um encontro sexual excitante e cheio de suspense, que nunca teria ocorrido à maior parte dos casais. Iriam buscar o filho deles para ir ao cinema às sete da noite e a filha deveria chegar nesse mesmo horário, vinda de uma festa de aniversário.

Exatamente às sete horas, chegou a condução do filho. Agora a pergunta era: deveriam eles apostar que a filha iria chegar atrasada e arriscar uma rapidinha? A experiência anterior dizia que as probabilidades eram favoráveis.

Martha colocou os braços em torno do pescoço de Tony, encostou-se na porta e puxou-o para ela. Isso foi o bastante para convencê-lo. Exatamente quando parecia que eles iriam conseguir ter aquela pequena aventura romântica, o olhar de Tony cruzou o olho mágico da porta. Lá fora, a filha deles estava descendo de um carro.

"Oh, não... ela está chegando", resmungou Tony.

"Bem, fica para a próxima", riu Martha.

Sem Vestígios em Cleveland

Outro casal ousou fazer amor enquanto seus filhos estavam a menos de seis metros de distância.

"Era uma noite quente de verão e todos os ventiladores da casa estavam ligados", disse Anna. "Nossos filhos estavam deitados no chão da sala de TV, assistindo a um vídeo que tinham pedido muito para ver."

Enquanto as crianças viam o filme, Anna e Doug estavam na sala de estar, reclamando do calor e da umidade. De repente, um sorriso demoníaco passou pelo rosto de Doug.

"Em que você está pensando?", perguntou Anna.

"Estou pensando que na varanda deve estar muito mais fresco que aqui", respondeu ele.

"Está certo", disse Anna. "Vamos até lá."

Quando ela se levantou para ir até a varanda, Doug agarrou seu braço e puxou-a para seu colo. "Vamos fazer amor lá fora", sussurrou ele.

"Você está louco?", disse Anna. "E as crianças?"

"Elas estão com os olhos grudados na TV", respondeu Doug. "Venha, elas nunca saberão de nada."

Doug e Anna foram à varanda e geraram um pouco de calor, enquanto as crianças de nada desconfiaram.

Ouse Ser Diferente

Dar uma rapidinha em sua própria casa é maravilhoso, mas se você quer realmente sentir a adrenalina, dê uma rapidinha em um lugar totalmente abusivo. Ouse ser diferente!

Em uma viagem recente, Alicia e Carmine entraram para um clube muito exclusivo. Eles estavam no voo noturno da Califórnia para Chicago, com apenas vinte e sete passageiros.

"Eram quase três e meia da madrugada e eu tinha cochilado durante uma hora", disse Alicia. "De repente, senti Carmine sacudindo meu braço. Ele se inclinou para mim e sussurrou: 'Alicia, quero fazer amor com você'. Eu respondi que ele devia estar sonhando, mas ele se levantou e me levou na direção do banheiro."

"Sei que Alicia pensou que eu havia enlouquecido", disse Carmine. "Mas eu tinha feito uma verificação e sabia que todos estavam dormindo. Poderíamos fazer amor no banheiro e ninguém perceberia."

"Deve ter sido a altitude", disse Alicia. "Eu me sentia de novo como uma adolescente leviana. Pode ter sido a coisa mais excitante que Carmine e eu fizemos até hoje. Para nossa sorte, os sanitários ficavam perto do motor e assim ninguém poderia nos ouvir. Podíamos fazer o barulho que quiséssemos."

"O restante da viagem foi maravilhoso. Voltamos aos nossos lugares e adormecemos nos braços um do outro", disse Carmine. "Não tínhamos ideia de que nos havíamos tornado membros do Mile-High Club até ouvirmos, meses depois, alguém mencionar o assunto no rádio."

Carla e Jerry tinham saído para ver casas para alugar e já estavam de volta para casa quando ela lembrou que precisava de uma calça *jeans* nova. Ela sabia que Jerry detestava fazer compras, mas precisava da calça para aquela noite. Eles tinham marcado com amigos para ir dançar em um clube local e a única calça *jeans* que ela tinha estava muito apertada.

"Jerry, prometo que iremos a apenas uma loja. Nem vou olhar as vitrines. Levarei somente alguns minutos", pediu ela.

Eles estacionaram o carro e correram para o *shopping center* para fazer uma compra rápida. Dentro da loja, Carla selecionou rapidamente vários modelos e levou-os ao provador, para experimentá-los. Depois de algum tempo, ela pôs a cabeça para fora do provador e pediu que Jerry entrasse para ajudá-la a decidir qual modelo ficava melhor.

Quando Jerry entrou, Carla disse: "Veja Jerry", e apontou para uma plataforma diante dos espelhos.

"Para que serve isso?", perguntou Jerry.

"Para sentar, seu bobo. Eles fazem essas calças tão justas que é impossível entrar nelas normalmente. É preciso sentar, inclinar-se para trás, levantar as pernas e se insinuar para dentro da calça. É para isto que serve esta plataforma. Mas... tive uma ideia melhor", disse Carla enquanto trancava a porta do provador.

"Meu bem, ajude-me a tirar esta calça", disse ela enquanto se reclinava sugestivamente na plataforma.

Jerry percebeu a sugestão e eles tiveram alguns momentos quentes no *shopping*, naquela noite.

"Hoje, quando Carla me convida para fazer compras, eu sempre digo que sim", comentou Jerry.

Sem Luxo

Há ocasiões em que o ato do amor ocorre depois de horas de preparação. Depois do banho vêm as colônias, os perfumes, as loções ou talco. O ambiente é preparado com música e iluminação.

Para uma rapidinha, não há tempo para preparações. Vocês estão como estão, com o cheiro que estão e preparar o cenário não está entre os objetivos.

"Anos atrás, quando John foi operado de hérnia, ele ficou no hospital por uma semana", lembrou Evelyn ao me contar a história abaixo.

"Estávamos casados havia apenas dois meses quando John precisou ser operado. Foi muito ruim ficarmos separados por tanto tempo. Eu ia visitá-lo duas vezes por dia no hospital e lá ficava o máximo de tempo possível.

"Eu me lembro de sentar em sua cama, massageando seus braços e pernas enquanto dizia o quanto ele significava para mim", disse Evelyn.

"Minha aparência não era das melhores", acrescentou John. "Minha cabeça não era lavada havia alguns dias e eu cheirava a hospital. Mas, depois de cinco dias de massagens da Evelyn, eu não aguentava mais.

"Fiz amizade com alguns dos outros homens internados no mesmo andar e convenci-os a chamar as enfermeiras todos ao mesmo tempo, de forma que Evelyn e eu pudéssemos ter alguns minutos para fazer amor. Não era a maneira que eu teria preferido e o ambiente não era romântico, mas nossa rapidinha nos manteve próximos até que eu pudesse ir para casa", disse John.

Eis aqui outra história sobre como aproveitar o momento, independentemente de onde você esteja ou da sua aparência.

Depois de uma partida de golfe, Alice e Sam, seu marido, estavam mais preparados para uma "chuveirada" do que para o sexo. "Estávamos iniciando o décimo oitavo e último buraco", disse Alice. "Era uma jogada relativamente fácil, bem no centro; os bosques estavam do lado esquerdo do campo. Andei até o ponto da tacada e mandei minha bola diretamente para o bosque.

"Sam olhou para mim surpreso e disse: 'Alice, o que você está fazendo? Você mandou a bola para as árvores'.

"'Vamos lá', respondi com um sorriso sem graça. 'Vamos achar minha bola.' Subimos no carrinho e fomos até o bosque. Embora meu cabelo estivesse despenteado e minha maquilagem escorrida, conduzi Sam até o meio das árvores, tirei a roupa e disse: 'Sempre quis fazer amor com você neste campo de golfe'.

"Sempre que jogamos naquele campo com nossos amigos, Sam menciona a ocasião em que acertou o décimo oitavo buraco com uma só tacada. Todos pensam que ele está brincando."

Quanto Mais, Melhor

Alguns casais acham excitante dar uma rapidinha enquanto há outras pessoas por perto. Fazer amor enquanto outras pessoas estão nas vizinhanças, mas nada sabem do seu encontro sexual, pode ser muito estimulante.

Foi isso que Joy e Ben descobriram em uma das suas reuniões familiares. "Estávamos com as crianças na casa dos meus sogros para um piquenique no feriado de Quatro de Julho", disse Joy. "Não sei por que, mas sempre que visitamos os pais de Ben parece haver um conflito. Daquela vez, a família não conseguia chegar a um acordo a respeito dos fogos de artifício que poderiam ser usados e quais a prefeitura considerava inseguros para uso doméstico.

"A certa altura, a tensão era tanta que Ben e eu decidimos escapar e ficar sozinhos. Os pais dele têm um belo jardim japonês em cujo centro há uma pequena edificação como uma casa de chá oriental. Enquanto todos discutiam quais os fogos que deveriam ser usados, Ben e eu soltamos nossos próprios fogos.

"Não havia luz na casa de chá, apenas a lua brilhando através da porta. Foi muito excitante e romântico fazer amor lá, sabendo que a família estava a poucos metros de distância, sem se dar conta de que não estávamos com eles. Quando terminamos, a família havia chegado a um acordo sobre os fogos, mas Ben e eu ainda estávamos brilhando."

As Dez Mais

Nos dezessete anos em que venho ensinando aos casais como melhorar seu relacionamento, ouvi centenas de histórias a respeito das diferentes maneiras que as pessoas acham para encaixar uma rapidinha em sua vida ocupada, ou usar uma para reviver um relacionamento que começou a ficar monótono. Você já leu várias dessas histórias nas páginas anteriores. Aqui estão dez das minhas favoritas.

1. Em Volta do Quarteirão

Leah, uma mulher que ouviu meu programa em fitas cassete, escreveu para contar a história daquela que chamou de "rapidinha de reconciliação".

Ela e uma amiga de infância tinham feito um cruzeiro às Bahamas enquanto Lou, o marido dela, ficou em casa cuidando dos filhos. Era a primeira vez que eles se separavam desde que se casaram, seis anos antes.

"Acho que foi mais duro para Lou do que para mim", escreveu Leah. "Eu sentia falta dele, mas tinha muitas coisas estimulantes para manter a mente ocupada. Quando minha amiga e eu descemos do avião, Lou e as crianças estavam à minha espera no portão. Chorei quando vi Lou esperando por mim, segurando uma rosa na mão. Até aquele momento, eu não tinha percebido o quanto havia sentido sua falta."

A caminho de casa, Lou e Leah não conseguiam deixar de trocar olhares ávidos. A amiga de Leah captou os sinais e, quando Lou parou o carro, ela se ofereceu para levar os dois filhos para um passeio pelas vizinhanças.

"Tive que rir ao imaginar minha amiga dando voltas no quarteirão para que Lou e eu ficássemos a sós", disse Leah. "Até hoje sou muito grata a ela por sua percepção. Aqueles poucos minutos estão entre os mais apaixonados que tivemos juntos."

2. Nosso Momento Spacial

Sue e seu marido compraram uma banheira de hidromassagem para o jardim dos fundos. "Eu tenho fortes dores nas costas e a banheira que compramos tem ótimos jatos terapêuticos", disse Sue.

O que Sue não sabia quando eles compraram a banheira era que ela iria fazer mais exercícios do que relaxar, ao usá-la. "Roy e eu gostamos de usar a banheira quando as crianças não estão por perto e, inevitavelmente, acabamos dando uma rapidinha", disse Sue. "Não sei se é a temperatura da água ou o movimento pulsante que nos leva a querer fazer amor, mas, seja lá o que for, eu gosto muito!"

3. No *Trailer*

Charles e Doris adoram acampar. Quando eram jovens, acampavam em barracas, mas agora, mais velhos, acampam em seu *motor home*.

"Nós o chamamos de ninho de amor sobre rodas", disse Doris. "Fazemos muitas viagens curtas e encontramos amigos que havíamos conhecido em viagens anteriores aos nossos *campings* favoritos."

Doris e Charles também gostam de golfe e tênis e procuram jogar em todos os lugares onde acampam. "Com todas as nossas atividades, ficamos muito ocupados durante o dia", disse Charles. "De vez em quando, gosto de fazer uma pausa em nossa agenda cheia e levar Doris ao *motor home* para uma rapidinha."

"Eu costumava me sentir envergonhada de estar em nosso *motor home* em pleno dia com todas as persianas fechadas", disse Doris. "Eu tinha certeza de que todos iriam saber o que estávamos fazendo. Acho que não sabiam, porque algumas vezes alguém batia na porta para saber se estávamos bem. Depois disso, eu me preocupava com a possibilidade de esquecermos de trancar a porta e alguém entrar."

"Resolvi isso", disse Charles. "Fiz um aviso para pendurar na porta que diz: 'Se você vir nosso *motor home* balançando, por favor não bata na porta'." Desde então, eles não tiveram nenhum visitante indesejado.

4. Um Passeio de Limousine

Quando Fred fez cinquenta anos, sua mulher quis fazer algo especial para ele. Como nenhum dos dois jamais havia andado de limousine, Joni contratou uma para apanhar Fred depois do trabalho e levá-lo em grande estilo para casa. Quando o carro chegou, Joni estava sentada na varanda toda arrumada e pronta para uma noitada na cidade. Antes que Fred tivesse a chance de sair do carro, o motorista havia aberto a porta de trás para Joni.

"Feliz aniversário, Freddy", disse ela, sentando-se ao lado dele. Fred arregalou os olhos e ficou de boca aberta com a surpresa. Quando a limousine partiu, Joni disse: "Motorista, por favor, suba a janela de privacidade".

Pelo retrovisor, Fred viu o motorista sorrir enquanto a janela de privacidade era fechada. "Para onde vamos?", perguntou ele a Joni, quando recuperou a voz.

"Vamos nos divertir, é isso que vamos fazer", disse Joni, enquanto começava a abrir o cinto do marido. Fred olhou ansioso para as janelas que se estendiam ao longo das laterais. "Não se preocupe", disse Joni para tranquilizá-lo, "podemos ver lá fora, mas de lá ninguém pode nos ver."

Fred não levou muito tempo para relaxar e aproveitar o passeio.

5. Drama na Sala Escura

Brenda tem boas lembranças do sogro lhe mostrando como revelava filmes em sua sala escura no porão, quando ela e Leon começaram a namorar. "Fiquei surpresa em ver uma imagem aparecer gradualmente do nada, diante dos meus olhos", disse ela.

Porém, essas lembranças se perdem, em comparação com aquelas criadas por ela e Leon na mesma sala escura, alguns anos depois de estarem casados.

"Nunca me esquecerei da primeira vez que 'fizemos aquilo' na sala escura", disse Leon. "Estávamos na casa de meus pais para o jantar do Dia de Ação de Graças. Minha mãe pediu-me para descer ao porão e pegar uma lata de morangos. Logo que desci, Brenda veio dizer que minha mãe precisava de duas latas em vez de uma."

Quando passaram diante da sala escura, Brenda disse: "Puxa, faz tempo que vim aqui revelar filmes com seu pai".

Foi quando Leon teve uma ideia criativa e disse: "Vamos revelar uma coisinha agora, amor".

"Oh, pare com isso, seu moleque", riu Brenda.

"Quando percebi", disse Brenda, "Leon e eu estávamos fazendo amor em total escuridão. Pode apostar, é uma experiência muito diferente de fazer amor em seu quarto com as luzes apagadas. Existe algo na sala escura que é surpreendente!"

6. Negócio Fechado!

Art e Janeen estavam procurando um carro para comprar quando Janeen ficou realmente excitada.

"Queríamos trocar nosso pacato sedã por um carro mais esportivo", disse ela.

"Depois de vários meses de procura, decidi que eu queria ter um Volkswagen conversível vermelho. Art achava que o Volkswagen era bem fabricado, mas queria um carro com mais espaço no porta-malas para seu equipamento de *camping*.

"No dia em que fomos à revendedora, vi exatamente o carro que eu desejava. Ele estava no pátio, a quatro fileiras da rua. Implorei a Art que fosse olhá-lo comigo. Convenci o vendedor de que Art e eu precisávamos de alguns minutos a sós no carro para podermos senti-lo e pedi a chave.

"Quando Art e eu chegamos ao carro, pedi que ele se sentasse no banco de trás comigo para vermos como era o espaço para as pernas dos passageiros. No instante em que nos sentamos, passei meus braços em volta dele e disse: 'Quero fazer amor com você neste carro'."

"Neste carro que não é nosso?", gaguejou Art.

"'Neste carro que não é nosso, ainda', respondi. E disse a Art que, se depois de fazer amor no Volkswagen, ele ainda não quisesse comprá-lo, nós não o compraríamos. Sou hoje a orgulhosa proprietária de um Volkswagen vermelho, conversível, 1997."

7. Abra Bem

Mel e Loretta, sua mulher, conheceram-se na escola de odontologia e agora cada um tem seu consultório. Sempre que precisam de serviços odontológicos, eles vão ao seu dentista favorito – o companheiro.

No ano passado, Loretta precisava colocar uma coroa; assim, marcou uma consulta com o marido para uma tarde de sábado.

"Gosto de ir aos sábados porque é um dia leve. Mel abre o consultório somente meio período e usa uma só pessoa para atuar como assistente e recepcionista."

Naquele sábado, depois de colocar a coroa no dente de Loretta, Mel pediu que a funcionária fosse para a recepção enquanto ele terminava o serviço.

"Achei um pouco estranho ele ter pedido que ela saísse, mas não disse nada", comentou Loretta.

"Fechei a porta e baixei o encosto da cadeira de Loretta até ela ficar deitada", disse Mel. "Quando perguntei se ela gostaria de fazer amor, seu entusiasmo me chocou. Imaginei que ela iria querer, mas fiquei impressionado quando ela tirou do caminho a bandeja de instrumentos, tirou fora o babador e ligou a água para abafar qualquer ruído – tudo em poucos segundos."

"Fazer amor em uma cadeira de dentista foi a coisa mais excitante que já fizemos", disse Loretta. "E como as portas não tinham fechaduras, a possibilidade de a assistente entrar a qualquer momento aumentava a nossa excitação."

Desde aquele dia, a higiene bucal de Loretta tornou-se uma prioridade ainda maior do que antes.

Agora, ela consulta o dentista a cada três meses, em vez de seis.

8. Amor sob as Estrelas

Darlene e Les estavam com a família na praia, gozando suas férias anuais. Passavam os dias tomando sol, nadando e construindo castelos de areia. Em geral, à noite jogavam Banco Imobiliário. Depois da quinta noite de jogo, as crianças perguntaram se podiam dar uma volta. "Vamos todos", disse Darlene. "Queria mesmo conhecer o resto do *resort*."

Quando entraram no elevador, um dos filhos apertou o botão da cobertura. As portas se abriram, dando para um enorme solário. "Nossa", disse Darlene, "eu nem sabia que isto existia."

"Veja como as estrelas estão brilhando hoje", disse Les.

Depois de alguns minutos, as crianças se cansaram de olhar estrelas e quiseram descer.

"Está bem", disse Les. "Vão na frente e nos encontraremos na piscina daqui a pouco".

Darlene trocou com Les um olhar de cumplicidade e, tão logo ouviram as portas do elevador se fechando, eles encontraram um canto escondido do terraço onde fizeram amor sob as estrelas.

9. A Noite em que Marcamos Gol

Jake e Renee namoravam desde o colegial e aguardavam ansiosos a trigésima reunião da turma em Oakwood High School.

"Deixamos nossa cidade natal há vinte e cinco anos e nunca mais voltamos", disse Jake. "Estávamos ansiosos para rever a escola, os professores e nossos colegas."

Na noite da reunião, enquanto os outros ex-alunos ficavam na lanchonete dançando e conversando, Jake e Renee passaram grande parte do tempo caminhando pelos corredores e recordando seus dias de namoro. "Jake jogava futebol e eu era chefe da torcida", disse Renee. "Quando sugeri que fôssemos até o campo, Jake concordou na hora."

As luzes do estádio estavam apagadas e assim eles não podiam enxergar muita coisa. Ficaram apenas sentados nas arquibancadas, olhando para o campo e lembrando a juventude.

"Espere", disse Renee. "Acho que consigo ver a grande marca branca redonda do centro do campo."

"Vamos olhar mais de perto", disse Jake.

Jake e Renee caminharam até a marca no meio do campo, onde começaram a se beijar e acabaram fazendo amor.

Depois, Jake olhou para Renee com amor e disse: "Nunca fiquei excitado como hoje em um campo de futebol. Isto fez com que me sentisse jovem e apaixonado novamente. Bons tempos aqueles, não?"

10. Sexo no Mar

Laurenda e Kurt são um casal de "velhos marinheiros". Ambos velejam desde crianças e se tornaram instrutores de vela quando tinham pouco mais de vinte anos. Quando se conheceram em uma regata no Caribe e se apaixonaram, o amor que sentiam um pelo outro superou o amor pela vela. Eles não são mais instrutores profissionais, mas pertencem a um clube de vela e são convidados a velejar por amigos que possuem barcos.

Laurenda e Kurt nunca se esquecerão de um passeio em um veleiro que lhes deu a oportunidade de descer à cabine para uma aventura.

"Havia sete casais a bordo e cruzávamos águas calmas com muito sol e brisa leve", disse Laurenda. "No meio da tarde, o vento havia aumentado e o barco balançava muito. As pessoas estavam ficando enjoadas."

"Laurenda e eu já tínhamos velejado em condições muito piores e estávamos bem", disse Kurt. "Vimos as pessoas ficando cada vez mais enjoadas. Quando algumas tentaram descer, pensando que iriam se sentir melhor lá dentro, Laurenda e eu nos apressamos a dizer que isso seria a pior coisa que poderiam fazer.

"Porém, para nós era a melhor. Na certeza de que ninguém iria descer, nós nos deitamos no banco da cozinha e fechamos a cortina."

"Sentíamos pelos passageiros enjoados, mas sabíamos que a única coisa que podiam fazer era aguentar", disse Laurenda. "O azar deles foi nossa sorte, pois fizemos amor em alto-mar."

O Plano K.I.S.S.

Se a temperatura do seu relacionamento caiu, está na hora de ligar o aquecedor. Seu romance irá ferver novamente se você o mantiver especial, com uma rapidinha. Vocês estarão prontos para esta missão se tiverem colocado em prática todos os métodos expostos nos capítulos anteriores. A essa altura, você está cheia de amor por seu parceiro e deseja estar ligada sexualmente a ele com a maior frequência possível. Caso ainda se sinta relutante, o próximo passo é praticar a espontaneidade da maneira que lhe for mais conveniente.

A seguir, quero que olhe sua casa com novos olhos. Os cômodos que vê como utilitários podem se transformar em lugares para renovar sua conexão, com uma rapidinha. Reaqueçam os motores na garagem. Brinquem na sala de recreação. Cozinhem algo além de um bolo de carne na cozinha.

Deixe que as histórias que leu neste capítulo sejam as catalisadoras para incentivá-lo a agir. Seja ousado. Seja espontâneo. Seja sorrateiro e roube tempo da sua atribulada vida para estar com seu parceiro ou parceira. Na próxima vez que tiver uma ideia sensual, pegue o telefone, pare o carro, encontre-se com ele ou ela no chuveiro ou feche a porta do escritório.

Em vez de pensar "Melhor não. Não é um bom momento" ou "Não seria apropriado", lembre-se de que agora é o momento perfeito e este é o melhor lugar.

A GARGALHADA DE 2 MINUTOS

8

Faça um Esforço

Quando foi a última vez que você e seu parceiro riram juntos? Não estou me referindo a um sorriso, mas a uma gargalhada daquelas de provocar lágrimas nos olhos, de chorar de rir.

Quando faço essa pergunta em minhas palestras, as pessoas olham para mim como se eu tivesse pedido resposta a uma complicada equação matemática. Elas encolhem os ombros e ficam com uma aparência distante nos olhos, enquanto tentam se lembrar. Em geral, alguém diz: "Não consigo me lembrar da última vez que meu parceiro e eu demos boas risadas juntos".

Quando pergunto por que acham que isso acontece, eles me falam sobre suas responsabilidades e obrigações: ganhar a vida, limpar e organizar a casa, pagar as contas, cuidar de parentes doentes, cumprir compromissos na igreja ou na sinagoga, supervisionar a educação dos filhos... as razões são infindáveis.

"O que há de engraçado em minha vida?", ouvi certa vez um homem comentar.

"Você ficaria surpreso", respondi. De repente, os olhos de todos estavam pregados em mim. Eles estavam se perguntando como sua vida cheia de estresse poderia produzir alguma risada.

Prossegui explicando que nossa vida – a deles e a minha – constitui a inspiração para os comediantes e humoristas do mundo. Sem nós, Erma Bombeck teria sido apenas mais uma dona de casa suburbana e a única coisa que Jack Benny, Bob Hope e George Burns teriam tido em comum seriam seus *handicaps*, como jogadores iniciantes de golfe.

Esses imortais eram engraçados porque viam o humor na vida diária. Situações que para você ou para mim causariam raiva ou frustração poderiam ser usadas em um monólogo de Jack Benny ou em uma coluna de Erma Bombeck para entreter milhões. Essas pessoas nos deram a dádiva do riso e podemos aprender com elas a ver o humor em nossa vida.

Rir ainda É o melhor Remédio

Muito antes de Norman Cousins escrever *Anatomy of an Illness*, em que registrou sua recuperação de uma doença fatal por meio do riso, a *Reader's Digest* já conhecia o fato. "Rir É o melhor Remédio" é uma seção dessa revista de ampla circulação desde que eu era criança. Na época, sabíamos intuitivamente que o riso era bom para os males que nos afligiam. Hoje, existem amplas evidências científicas para corroborar esse ditado de bom senso.

Depois de ser diagnosticado como um caso terminal pelos médicos, Cousins decidiu descobrir se o riso iria ajudar a aliviar suas dores e a curar sua doença. Assistiu a filmes engraçados, leu livros engraçados e ouviu histórias engraçadas. Constatou que rir durante dez minutos poderia lhe dar pelo menos duas horas de sono sem dores.

A descoberta de Cousins abriu caminho para pesquisas científicas sobre os efeitos das emoções sobre a saúde. Esse ramo da ciência, denominado psiconeuroimunologia, provou que rir é uma das melhores maneiras para ajudar a aliviar as dores e curar doenças.

Um artigo na edição de abril de 1992 do *Journal of the American Medical Association* apresentou uma interessante visão geral dos efeitos que o humor e o riso têm sobre seu corpo. De acordo com o artigo, o riso altera o padrão normal de respiração da pessoa e aumenta o ritmo respiratório. Isso, por sua vez, eleva o teor de oxigênio no sangue. Uma boa risada também aumenta a circulação e ajuda na entrega de oxigênio e nutrientes aos tecidos do corpo inteiro. E risadas boas e frequentes podem prover um condicionamento muscular limitado. Você já sentiu uma "dor do lado" depois de uma boa risada? É porque os músculos que você não usa normalmente tiveram de trabalhar.

Se o riso é bom para nosso corpo e para nossa alma, então também deve ser bom para nossos relacionamentos. O casal que aprendeu a rir em conjunto atingiu um nível de maturidade e percepção que lhe permite ver o quadro geral. Quando podemos rir de nós mesmos e de nossas imperfeições, provamos que nos amamos e nos aceitamos como somos – um requisito essencial antes que possamos realmente amar e aceitar outra pessoa.

O humor pode até nos ajudar a atravessar as fases mais sombrias. O humor negro é a marca registrada de pessoas que precisam lidar diariamente com morte, doenças e o lado escuro da vida. Policiais, motoristas de ambulância, médicos, enfermeiras e outros profissionais usam o humor para atenuar as tragédias que testemunham regularmente. Em sua maioria, as pessoas ficam inquietas ou mesmo indignadas com esse tipo de humor; mas pode haver humor até nas situações mais desastrosas; basta conseguir vê-lo.

Quando fui hospitalizada para um transplante de medula óssea, recebi inúmeros cartões de muitas pessoas maravilhosas e atenciosas. A maior parte dos cartões expressava solidariedade pelo meu estado e, embora eu dê muito valor à atenção, foi dos cartões engraçados que mais gostei. Eles provocaram meu riso e melhoraram meu estado de ânimo durante as piores horas.

Também recebi dúzias de mensagens de "estimo as melhoras" em minha secretária eletrônica. Eu ligava todos os dias para minha casa para ouvi-las e sempre me sentia tocada pela atenção das pessoas. Mas minha mensagem favorita, aquela que ouvi inúmeras vezes, foi de um amigo que disse, de modo informal: "Ellen, só quero que saiba que você não vai morrer. Só os bons morrem cedo".

Outro exemplo de como o humor pode nos sustentar em tempos difíceis me foi contado por minha amiga Connie. Ela estava se submetendo a um tratamento de quimioterapia e não estava saindo muito de casa. Na véspera do dia em que me telefonou, ela tinha se sentido melhor e decidiu ir com o marido ao cinema.

A escolha do filme, *Shadowlands*, não foi boa. Nele, depois de estar casada por um curto período, Debra Winger descobre que está com câncer e logo morre. Connie, sentindo-se muito vulnerável, começou a chorar e não conseguia parar nem depois que as luzes se acenderam.

Depois do filme, ela e o marido foram a uma pizzaria próxima.

Ao servi-los, a garçonete olhou para os olhos vermelhos e lacrimosos de Connie e perguntou, solidária: "Está tudo bem?" Connie olhou para ela e disse tristemente: "Esta é a pior pizza que comi até hoje".

Connie riu muito com o marido da sua piada. Enquanto ria, ela começou a sentir-se melhor. Teve uma nova visão das coisas ao considerar que aquilo era apenas um filme; a história da vida real havia ocorrido antes do advento da quimioterapia ou da radiação; a personagem tinha câncer ósseo, e não de mama; e, afinal, a história tratava da vida de outra pessoa, não da dela.

O riso mudou o humor de Connie do desespero para a despreocupação pelo resto da noite.

Solte-se

Como adultos, muitas vezes nos tornamos muito sérios e mal-humorados em nossos esforços para controlar o que acontece à nossa volta. As crianças não ligam para controle. Vivem o momento presente e veem a vida com humor centenas de vezes por dia. Infelizmente, à medida que cresce, a capacidade da criança para rir é seriamente prejudicada pelos adultos, que dizem: "Tire esse sorriso bobo da cara", "Deixe de agir como um tolo", "Pare de se fazer de palhaço" ou "Cresça". Sei que muitas pessoas foram castigadas pelo fato de rirem e com isso parecem ter perdido a capacidade para ver humor nas situações do dia a dia. Acredite em mim, ela ainda existe. Apenas precisa ser persuadida a aflorar. Com um pouco de persistência, você poderá superar seu cinismo adquirido e recuperar sua alegria natural e inocente no mundo à sua volta.

Gosto da história a seguir porque ela demonstra como até mesmo a pessoa mais austera pode aprender novamente a rir como uma criança.

Anos atrás, na véspera do dia de Ação de Graças, quando eu me despedia da classe e desejava a todos um bom feriado, uma de minhas alunas começou a rir. Quando perguntei por que estava rindo, ela disse que desde que sua filha tinha se casado o dia de Ação de Graças era seu feriado favorito. Supus que fosse porque agora a filha preparava o jantar, já que tinha sua própria casa, mas Gloria disse: "Não. Não é essa a razão". Então ela explicou.

"No ano em que minha filha se casou, o jantar foi na minha casa, como sempre. Tínhamos uma bela família, inclusive meu novo genro, sua mãe e sua irmã. Tudo estava uma beleza. A mesa estava elegante com as porcelanas de minha avó, flores, candelabros de prata e copos de cristal.

"Pouco depois de nos sentarmos para jantar, vi meu genro pegar sua colher e começar a esfregá-la no nariz. 'Mas o que é que ele está fazendo?', pensei. Ele colocou a concha da colher na ponta do nariz e lentamente tirou a mão. Para minha surpresa, a colher permaneceu no lugar, balançando perigosamente. Então ele virou cuidadosamente a cabeça para os lados, para que todos pudessem ver sua maravilhosa realização.

"Eu não estava acreditando naquilo. Nunca havia visto ninguém fazer aquilo antes e, certamente, não durante um jantar formal. Enquanto estava tentando imaginar como controlar a situação e recuperar a dignidade da ocasião, vi minha filha pegar sua colher e tentar equilibrá-la no nariz. Depois meu filho. A seguir, meu marido. Àquela altura, desisti de tentar agir como um adulto e comecei a rir. Ri como nunca enquanto pegava minha colher e aderi àquela maluquice.

"Aquilo tornou-se uma tradição familiar. Agora, todos os anos no dia de Ação de Graças, nós nos sentamos em torno de uma mesa elegante e farta, nos damos as mãos e rezamos e, a seguir, pegamos nossas colheres em vez dos garfos."

O Riso É Magnético

Somos naturalmente atraídos para as pessoas que estão felizes e riem com facilidade. O riso atua como um poderoso ímã, atraindo as pessoas à sua volta para o seu círculo de influência. Nina, uma de minhas alunas, gosta do lugar onde trabalha porque lá o riso e o senso de humor são incentivados.

"Trabalho para uma pequena empresa familiar", disse Nina. "Muitos funcionários estão lá há mais de vinte anos e estou convencida de que é porque somos encorajados a nos divertir no trabalho e a rir o máximo que pudermos.

"O Sr. Goldstein, presidente da empresa, é quem cultiva esse clima para nós. Ele é brincalhão como um garoto e gosta de pregar peças. Todos os anos, no 1º de abril, os funcionários tramam juntos uma peça para pregar no patrão, uma pegadinha melhor que a do ano anterior.

"Minha pegadinha favorita foi a vez em que as mulheres do escritório decidiram colar uma folha de plástico transparente sobre o vaso sanitário do banheiro masculino. Conhecíamos os hábitos do Sr. Goldstein e fizemos tudo cronometrado.

"Às nove da manhã, como sempre, o Sr. Goldstein entrou, disse 'Bom-dia, soldados', entrou na sua sala, tirou o paletó e foi ao banheiro.

"Ninguém conseguia conter o riso. De repente, a porta do banheiro se abriu e o Sr. Goldstein apareceu, rindo e anunciou: 'Agora é guerra!'

"Ele foi até a fábrica, agarrou uma caixa de ferramentas e foi direto para o banheiro feminino.

"Bem, ninguém se atreveria a entrar lá; então olhamos umas para as outras e esperamos até parar o barulho que ele estava fazendo.

"Finalmente a porta se abriu, o Sr. Goldstein pôs a cabeça para fora e disse: 'E quando eu digo guerra...' – então ele saiu, carregando triunfante os dois assentos dos sanitários – 'quero dizer guerra fria'."

De acordo com Nina, todo mundo sabe o quanto o pessoal se diverte e nunca há vagas suficientes para todos os candidatos a emprego na empresa.

O Riso É Contagiante

Assim como o bocejo, o riso é contagiante. Quando alguém por perto está dando boas risadas, é quase impossível não rir também. Uma amiga minha contou que sua tia favorita era a pessoa que mais ria no mundo. De acordo com Julie, se houvesse uma olimpíada de riso, sua tia ganharia a medalha de ouro.

A parte mais engraçada era que ela não fazia ruído nenhum. Os cantos dos seus grandes olhos castanhos se enrugavam até que eles estivessem quase fechados e a boca se abria em um amplo sorriso. Em seguida, os ombros começavam a se erguer e a barriga dela começava a tremer. As lágrimas logo corriam pela face. Ela ria tanto que mal podia respirar, mas, se você não olhasse, não saberia que ela estava rindo. Ela ria em total silêncio! Julie disse que nunca viu alguém resistir ao riso da tia. Quando ela ria, todos ficavam tão histéricos quanto ela.

"Depois de rir com tia Ruth", disse minha amiga, "eu sempre me sentia dez quilos mais leve. Sentia dores do lado, mas ficava livre da sinusite ao menos por uma semana e, durante dias, parecia ter molas nos pés."

As crianças também podem fazer isso para nós. Sempre que uma criancinha começa a rir descontroladamente, somos mordidos pelo "bicho do riso" e começamos a rir com ela sem razão nenhuma.

Sheila, uma de minhas alunas, descreveu o riso de seu filho de nove anos.

"Meu marido e eu gostamos de levar Kevin, nosso filho, ao cinema. Mesmo que o humor dos filmes não seja do nosso tipo, gostamos de ir só para ver Kevin rir."

De acordo com Sheila, Kevin joga a cabeça para trás, balança para a frente e para trás e, pelo menos uma vez em cada filme, cai da cadeira.

"Obviamente, não damos a pipoca para ele segurar", comentou ela.

Faça-me Rir

Quando pergunto às pessoas o que as atraiu para seu companheiro, ouço frequentemente que a principal atração foi o senso de humor ou a capacidade para fazê-las rir. Lembro-me do prazer de Mickey quando contou que sua mulher roubou seu coração quando lhe contou a história do *milkshake* no primeiro encontro deles.

Toni fez Mickey chorar de rir ao lhe contar o que aconteceu quando ela tinha dez anos e foi sozinha a uma lanchonete Howard Johnson's.

Ela pediu um hambúrguer, batatas fritas e um *milkshake* de chocolate. Quando veio o pedido, a garçonete colocou o *milkshake* sobre um pires, mas ele estava um pouco fora do alcance de Toni. Quando ela puxou o pires na sua direção, este bateu em uma rachadura no tampo, o *milkshake* derramou e aquele chocolate denso rolou pelo balcão até a beirada e caiu no colo dela.

Como se aquilo já não fosse suficientemente embaraçoso para uma garota de dez anos, o líquido marrom que não caiu sobre ela continuou a escorrer pelo balcão até atingir a mulher sentada ao lado dela – uma mulher que havia cometido um grande erro naquela manhã, quando decidiu vestir uma saia branca.

Quando o riacho de *milkshake* chegou à beirada do balcão, começou a pingar diretamente em sua bela saia branca e formou uma grande mancha marrom no meio do colo dela.

Mortificada, Toni balbuciou um "Sinto muito" e correu para o banheiro feminino. Mas a moça de branco deve ter tido a mesma ideia, porque tão logo Toni chegou à porta viu a mulher vindo na sua direção. Sem saber o que dizer, Toni entrou no toalete, enfiou-se atrás da porta de um cubículo e lá ficou escondida até ter certeza de que não havia mais ninguém no lugar.

Depois de limpar seus *shorts* o melhor que pôde, Toni voltou ao balcão. Lá estava a moça de branco e, ao lado dela, sobre o balcão e diante do banco de Toni, estava a última coisa que ela queria ver, outro *milkshake*. Tudo o que ela queria fazer era pagar e sair. Ela contou seu dinheiro, colocou-o ao lado do copo, girou o banco para se levantar e sair, e então aconteceu! Seu cotovelo bateu no copo e tudo pareceu acontecer em câmera lenta enquanto o copo caía de novo, o *milkshake* se espalhava e a Sra. Saia Branca olhava para seu colo sem acreditar no que via.

Dessa vez ela não foi para o banheiro. Foi para a porta da frente e correu rua abaixo o mais rápido que pôde, com as palavras "Ela fez de novo" ecoando em seus ouvidos.

Na época do incidente, Toni não o achou muito divertido. Mas depois de adulta, ela ri com seus filhos sempre que eles dizem: "Mamãe, conte a história do *milkshake*!"

O Casal que Brinca Unido Permanece Unido

Muitas vezes, uma brincadeira nos faz rir mais do que uma história engraçada. Para mim, brincadeiras incluem tudo o que você poderia ter feito quando criança: "guerras" com bolas de neve, lutas com travesseiros, brincar de pegador, de esconde-esconde, fazer cócegas, dançar e até lutar. Os parceiros que conseguem brincar um com o outro têm maior probabilidade de manter o riso em seu relacionamento do que os que não brincam. Suas brincadeiras com o parceiro devem ser limitadas só pela imaginação.

As melhores risadas que dei ultimamente ocorreram quando meu marido e eu fizemos em uma rodada de "Grande Luta Romana", um evento quase anual em nossa casa.

Meu marido tem 1,85 m de altura e pesa quase 100 kg. Eu tenho 1,75 m e peso cerca de 60 kg. Assim, quando eu disse que iria segurá-lo no chão de forma que ele não pudesse se erguer, você pode imaginar o horror dele!

Eu disse que ele precisava agir de acordo com minhas regras. Ele tinha que se deitar de costas com os braços ao lado do corpo, os cotovelos dobrados e as palmas das mãos para cima.

"Vá em frente", disse ele. Sentei-me sobre ele com meus joelhos segurando seus braços e minhas mãos segurando seus pulsos. Logo de início percebi que ele não estava realmente se esforçando. Então eu disse: "Vamos lá, você pode fazer mais que isso, seu frouxo!" Foi o que bastou. Então fiquei séria e me esforcei para mantê-lo no chão, fazendo uma careta com o esforço.

Quando ele viu meu olhar determinado, soube que estava em guerra. Ele começou a se contrair e isso me fez rir. Deu um forte grunhido, fazendo com que eu risse ainda mais. Então, em uma explosão de energia, ele me derrubou e ficou por cima. Àquela altura estávamos rindo histericamente, abraçados um ao outro, rolando no chão.

Aquela pequena luta permanece muito vívida em minha memória. A vida pode ser muito séria grande parte do tempo. Imagino que liberando o estresse e brincando como crianças acrescentamos pelo menos umas duas semanas à nossa vida e ao nosso relacionamento.

Também ri quando recebi a carta a seguir, de um homem que parecia brincar como uma estratégia para manter a alegria e o bom-humor em seu relacionamento:

Cara Ellen,

Emoções e Desejo *foram exatamente aquilo que eu buscava para tirar da fossa meu casamento de vinte e seis anos.*

Você disse que gosta de colecionar histórias; então aqui vai como tentei ser menos previsível e maçante.

Minha mulher e eu tínhamos acabado de voltar da baía de San Francisco, onde observamos os veleiros e visitamos lojas de presentes como parte de umas pequenas férias. Quando chegamos em casa, minha mulher fazia os relatórios de seus alunos enquanto eu decorava a sala de estar com um motivo marinho. Coloquei um lençol azul nas janelas para garantir a privacidade e representar o céu azul. Coloquei uma toalha de praia com estampas de veleiros sobre um colchão trazido do quarto e acendi velas aromáticas. Então tirei a roupa, pendurei três bolas de pingue-pongue amarradas em um barbante onde você pode imaginar e me apresentei à minha mulher, dizendo: "Você tem razão. Sou de fato bem-dotado". As risadas dela encheram a sala e fingimos estar em um veleiro à noite, apenas o capitão e a imediata, sob as estrelas. Fiz nela uma prolongada massagem com óleo aromático e fui muito bem recompensado por meus esforços.

Nossa rotina de fazer sexo somente no quarto transformou-se em uma viagem imaginária que deixou para sempre lembranças em nossa mente.

Sinceramente,

o Capitão do Barco
(que costumava ficar entediado).

Só por brincadeira

Muitas vezes nos vemos em situações que nos farão rir por gerações. Uma das histórias mais engraçadas que já ouvi sobre brincadeiras foi contada pela Suzanne.

Os filhos de Suzanne gostavam quando ela e Murray, seu marido, brincavam com eles de esconde-esconde. Uma das vezes, Suzanne tirou todos os brinquedos da caixa onde o filho os guardava, em forma de uma grande bola de futebol americano, e escondeu-se dentro dela.

"Era um bom esconderijo", disse Suzanne. "Ninguém conseguiu me achar até que pus a cabeça para fora do topo da caixa e gritei *surpresa*!

"Espremi os ombros e o torso através da caixa para sair, mas foi o máximo que consegui. Fiquei presa. Lá estava eu, como um joão-teimoso, com o tronco saindo de uma bola de futebol.

"Murray e as crianças rolavam no chão de tanto rir e eu também ria, até perceber que não conseguia sair dali. Murray e as crianças empurraram a bola para deitá-la, esperando que eu conseguisse sair rastejando, mas meus quadris ficaram entalados e, por mais que eu me esforçasse, não conseguia sair. Murray puxou meus braços enquanto as crianças puxavam a caixa, mas nada conseguiram. Cinco minutos haviam se passado e eu ainda estava presa.

"De repente, bateram na porta e pela janela vi que era meu vizinho. 'Ótimo', pensei. 'Ter plateia era tudo o que eu precisava agora.'

"Murray estava rindo, as crianças estavam rindo e o vizinho achava tudo muito engraçado. Eu não ria mais. 'Quem vocês chamariam para tirar uma mulher de dentro de uma bola de futebol?', perguntei desesperada.

"O melhor que nos ocorreu foi chamar os bombeiros, que riram como todo mundo enquanto serravam a bola para me tirar dela. Lá no fundo, ouvi Murray atendendo a ligações de vizinhos e dizendo: 'Não, Suzanne não faz demonstrações em festas'."

A Piada Está em Você

Uma brincadeira pode ser uma boa fonte de riso, desde que seja de bom gosto. Uma brincadeira feita com seu parceiro, que leve junto a mensagem "Eu te amo", será recebida com senso de humor. Pegando seu parceiro desprevenido ou fazendo-lhe uma surpresa com um presente incomum, você está fazendo com que ele se lembre de que está pensando nele. Por outro lado, uma brincadeira não é engraçada quando:

- O riso resulta de um insulto.
- O riso provém do sarcasmo.
- Você ri dele e não com ele.

- Você deixa seu parceiro sem jeito, revelando algo que foi contado em confiança.

As histórias abaixo são bons exemplos de brincadeiras feitas de forma amorosa.

Depois de ler *Desejo*, Scott decidiu fazer uma brincadeira amorosa com Bobbie, sua mulher, para que ela pensasse nele o dia inteiro.

Uma tarde, Bobbie levou seus dois filhos ao supermercado. A loja estava repleta de pessoas fazendo compras para o fim de semana prolongado do Dia do Trabalho. Depois de vinte minutos na fila, Bobbie finalmente descarregou os itens do seu carrinho na esteira do caixa.

"Nunca esquecerei o que aconteceu quando chegou a hora de pagar", disse Bobbie. "Ao abrir minha bolsa, pulou fora uma cueca de Scott. Vi chocada quando ela caiu na esteira perto do caixa, entre o frango e os biscoitos.

"Com uma voz alta o suficiente para que todos ouvissem, minha filha perguntou: 'Mamãe, por que estamos comprando cuecas para o papai?' A moça do caixa arregalou os olhos enquanto eu pegava a cueca do meu marido e a jogava para dentro da bolsa. 'Não me faça perguntas', respondi, enquanto ela abria a boca para falar.

"Pensei em Scott o dia todo e rimos muito quando eu lhe contei onde suas cuecas tinham estado naquele dia."

Roberta e Nathan, seu marido, riram muito de uma brincadeira que ela aprontou para ele certa manhã.

"Há em nossa cidade uma loja de *lingerie* e acessórios eróticos", disse Roberta. "Toda vez que passava por ela, eu via aquelas mulheres infláveis à venda. Sempre achei que seria divertido comprar uma para Nathan e surpreendê-lo com a brincadeira."

Roberta contou que há alguns meses ela comprou a boneca e inflou-a certa manhã, enquanto Nathan estava tomando banho, antes de ir para o trabalho. "Eu ria tanto enquanto a enchia que quase não consegui terminar em tempo", disse Roberta. "Corri para a garagem e coloquei a boneca no lugar do motorista; então subi, exatamente quando Nathan estava saindo do banheiro."

"Lembro muito bem daquela manhã", disse Nathan. "Eu tinha uma reunião importante com um cliente e estava atrasado."

Quando ele, já vestido, terminou seu café da manhã, Roberta despediu-se na porta que dava para a garagem. Ela observou o marido ir até o carro, abrir a porta e olhar surpreso para a boneca. Nathan começou a rir, mas lembrou que não tinha tempo para bobagens; assim, puxou a boneca para fora e tentou esvaziá-la.

"Eu morria de rir enquanto via Nathan tentando esvaziar a boneca. Ele a apertava, dobrava, até pulou sobre ela para tirar o ar. Até agora não sei por que ele simplesmente não a deixou na garagem. Quando o vi colocá-la no banco do passageiro e ir embora, achei que minha bexiga não iria aguentar."

"Eu sabia que Roberta estava observando", disse Nathan, "então fiz um pequeno espetáculo para fazê-la rir. Só para você saber, no primeiro sinal fechado eu parei o carro e joguei a boneca no porta-malas."

Como se Pronuncia Alívio?

O riso não só libera a tensão de nossos corpos, mas também pode ser muito eficaz para aliviar a tensão entre os parceiros. O senso de humor simplório de Kyle provocou uma grande discussão entre ele e Kendra, sua mulher, e criou lembranças das quais ambos riem.

"Era uma manhã de domingo", disse Kendra. "Como de hábito, estávamos atrasados para ir à igreja e o ambiente em casa estava bastante tenso. Nossos filhos estavam se vestindo e Kyle e eu estávamos discutindo a respeito de alguma coisa na cozinha. Nem me lembro sobre o que estávamos discutindo", disse Kendra. "Só me lembro de ficar cada vez mais irritada. Eu sabia que o assunto era uma bobagem, mas não sabia como parar."

"Eu via que não estávamos chegando a nada", disse Kyle. "Então fiz algo para pôr fim à discussão. Certo de que as crianças não iriam aparecer, tirei a blusa e a calça de moletom, ficando só de meias."

"Levei um susto", disse Kendra. "Kyle parecia tão tolo e vulnerável vestindo apenas as meias que corri e lhe dei um grande abraço. Rimos descontroladamente.

"Em menos de cinco minutos, nenhum de nós conseguia se lembrar sobre o que estávamos discutindo, mas horas depois ainda estávamos rindo. De fato, tivemos que colocar as crianças entre nós na igreja para não rir durante o culto."

Uma Coisa Engraçada Aconteceu a Caminho do Aeroporto

Algumas das nossas lembranças mais engraçadas vêm de uma vez em que nosso parceiro fez alguma coisa completamente fora de propósito. Quando fazemos algo que escapa do comportamento normal, nosso parceiro é apanhado de surpresa e sua reação é intensificada. Essas lembranças malucas podem nos fazer rir pelo resto de nossa vida.

Um dos meus momentos "fora de propósito" ocorreu quando eu tinha de apanhar meu marido no aeroporto no retorno de uma viagem de cinco dias.

Eu não me sentia muito *sexy* desde que haviam diagnosticado meu câncer no seio, mas naquele dia foi diferente. Eu havia sentido muito a falta dele e a antecipação de estarmos juntos novamente me motivou a colocar as lâmpadas vermelhas no quarto e me preparar para sua volta, pensando no amor.

Em um gesto ousado, decidi ir para o aeroporto vestida unicamente com uma capa de chuva. O trânsito estava pior do que eu esperava e quase cheguei atrasada. Dispondo de pouco tempo, estacionei o carro e corri até o portão, para que ele me visse tão logo chegasse.

"Oh, meu Deus, não", pensei. Eu estava na fila, perto do detetor de metais, e havia esquecido completamente meu porta-cateter. Um porta-cateter é um dispositivo de metal implantado cirurgicamente para ajudar os médicos a ministrar medicamentos. Eu estava com um desde que havia iniciado a quimioterapia.

Era tarde demais para voltar atrás, porque eu já tinha colocado minha bolsa na esteira e teria de passar pelo detetor de metais para pegá-la.

Eu pensei que ia morrer! Naquela fração de segundo, imaginei o detetor me deixando passar. Pior ainda, imaginei ele não deixando, os seguranças pedindo que eu tirasse a capa, eu me recusando e uma combinação do FBI com uma equipe da SWAT e o esquadrão antibombas me cercando. Meu corpo nu era uma surpresa que eu havia planejado somente para os olhos do meu marido, não para a polícia de Los Angeles ou a Guarda Nacional.

Felizmente, o alarme não tocou, mas eu estava branca como papel e mal conseguia respirar. Depois de localizar meu marido, finalmente me recompus o suficiente para lhe dar um beijo. Então comecei a rir imediatamente, enquanto contava o que tinha acabado de acontecer.

Ainda estávamos gargalhando quando descrevi para ele outro quadro catastrófico. Minha mãe sempre me havia dito para usar *lingerie* limpa, para que no caso de um acidente eu não ficasse embaraçada diante dos motoristas da ambulância ou da equipe médica. Meu marido e eu não conseguíamos parar de rir enquanto imaginávamos o que os médicos e as enfermeiras pensariam se uma mulher vestindo apenas uma capa chegasse ao pronto-socorro de maca.

Momentos Embaraçosos da Vida

Além de nos fazer desejar entrar em um buraco para nunca mais sair, ser apanhado em um ato falho pode ser um ótimo motivo para dar risada. Nos primeiros tempos da televisão havia um programa chamado *Candid Camera* que fazia exatamente isso. Uma câmera oculta era usada para filmar pessoas em situações embaraçosas; aquele era um dos meus programas prediletos. A resposta de hoje àquele programa é o *America's Funniest Home Videos*, um dos mais populares da TV americana. Somos todos seres humanos, que cometem erros e gafes. Rir de nossas próprias situações embaraçosas nos torna tão adoráveis quanto somos vulneráveis.

Sherrie e Hal, seu marido, riem sempre que se lembram de um dos momentos mais embaraçosos dela. "Estávamos em uma comemoração formal para duzentas pessoas, com jantar e orquestra, em um hotel de Los Angeles.

"Um sacerdote de nome padre Ed foi o orador após o jantar. Embora não pudesse vê-lo bem porque estávamos sentados no fundo do salão, fiquei muito impressionada com suas palavras e queria dizer isso a ele.

Depois do jantar, disse a Hal: 'Preciso encontrar o padre Ed depois e dizer que ele falou muito bem'.

"Mais tarde, vi o padre Ed e fui até ele para cumprimentá-lo pelo discurso. Cheguei perto dele, toquei seu braço e disse: 'Oi, meu nome é Sherrie. Só quero dizer que você é um ótimo orador'. Ele olhou para mim com ar de surpresa e disse: 'Oh, muito obrigado. Onde foi que você me ouviu falar?' Sentindo o sangue me subir à face, perguntei: 'Você não é o padre Ed?' 'Não', disse ele. 'Sou o padre Rick'. Enrubescida, murmurei qualquer coisa como 'Oh, se eu tivesse ouvido você falar, teria gostado', e tratei de me afastar.

"Encontrei Hal e contei sobre a vergonha que havia passado e ambos rimos de meu fora. Cerca de meia hora depois, Hal apontou para um padre a uns seis metros de distância e disse: 'Veja! Ali está o padre Ed!' Com muita vontade de dizer que ele era um ótimo orador, corri até o padre, pus a mão em seu braço e disse: 'Oi! Meu nome é Sherrie. Só queria dizer que você é um ótimo orador'.

"Quando as duas últimas palavras me saíam da boca, percebi que o padre parecia familiar. Ele me olhou como se eu precisasse de uma lobotomia e disse: 'Sou o padre Rick'.

"Comecei a rir, balbuciei alguma coisa a respeito de não ter nada para beber e me afastei. Encontrei Hal, que havia presenciado toda a cena, encostado em uma parede e rindo descontroladamente.

"'Você sabia que era o padre Rick, não é?', perguntei, ainda rindo. Hal, com lágrimas nos olhos, fez que sim com a cabeça.

"'Como você foi capaz de me fazer falar com ele, sabendo que não era o padre Ed?', perguntei. 'Eu estava brincando quando disse: Veja, ali está o padre Ed', disse Hal. 'Mas você já estava correndo antes que eu pudesse detê-la.'

"Quando acabamos de rir, a festa já tinha acabado e também minha carreira de recrutadora para seminários."

Não sei por que, mas os aeroportos parecem ser o cenário de muitos dos momentos embaraçosos da vida. O momento de Elise ocorreu quando ela e o marido estavam no aeroporto de Newark, New Jersey, de volta de uma semana na Jamaica, onde tinham comemorado o décimo aniversário de casamento.

"Foi durante a Guerra do Golfo Pérsico; assim, a segurança no aeroporto estava muito rigorosa", disse Elise. "Eu me lembro de estar na fila à espera de nossas malas, quando um dos seguranças olhou para mim e disse: 'Desculpe moça, venha até aqui por um minuto'.

"Quando vi a mala que ele havia separado, comecei a suar. Dentro dela estava meu vibrador, que provavelmente tinha se parecido com uma arma na máquina de raios-X.

"Quando olhei para Roger, vi que ele estava coçando a nuca nervosamente e olhando para o teto.

"O jovem guarda de segurança abriu a mala, viu meu vibrador e perguntou: 'O que é isto?' Respirei fundo e perguntei: 'Quantos anos você tem?' Ele pareceu um pouco surpreso com minha pergunta e respondeu: 'Vinte e um'. Respirei fundo de novo e disse: 'Isto, meu jovem, é um vibrador'.

"Então, para meu extremo embaraço, ele segurou meu vibrador como a Estátua da Liberdade e gritou para outro jovem segurança do outro lado da sala: 'Ei, Mike, eu gostaria que minha namorada tivesse um destes!'

"Atormentada porque todos na fila da alfândega agora conheciam meus hábitos sexuais, murmurei: 'Por favor, coloque-o na mala'.

"Então virei-me para meu marido e disse: 'Estarei no banheiro pelos próximos anos', e fui diretamente para o banheiro feminino para esperar até que as trinta e cinco pessoas que estavam atrás de nós na fila tivessem ido embora."

Seja menos Severo

Se formos menos severos, descobriremos que há muitas oportunidades para rir de coisas simples em nossa vida diária. A maior parte das coisas que encontramos durante o dia não é tão séria, mas, de alguma forma nós as tornamos sérias.

Uma amiga contou-me uma história que ilustra perfeitamente a incapacidade de algumas pessoas para rir quando surge a oportunidade. Seu filho de onze anos gostava de travessuras e estava sempre em busca de novas ideias em lojas de novidades e em catálogos.

Para o aniversário dele, ela comprou uma caixa cheia de truques. Entre eles havia uma grande agulha de metal que ele podia usar na cabeça como se ela tivesse penetrado em seu crânio.

"Uma tarde, meu filho foi comigo à loja de ferragens", disse minha amiga. "Sem eu saber, ele havia levado sua agulha. Quando fomos ao balcão para fazer a compra, tentei ficar séria enquanto Johnny se aproximava do balconista com aquela enorme agulha na cabeça e perguntou: 'Por favor, senhor, onde ficam os alicates?'

"Não pude acreditar quando o balconista olhou nos olhos do meu filho e disse: 'Alicates no corredor sete'. Como é que ele não percebeu que meu filho tinha uma agulha 'enfiada' na cabeça?"

Foi uma pena que o balconista estivesse tão ocupado que perdeu uma oportunidade para rir.

Você Tinha de Estar Lá

A finalidade deste capítulo é lembrá-lo da importância de manter o riso e a alegria em seu relacionamento. As histórias foram incluídas com a finalidade de ajudá-lo a se lembrar das ocasiões em sua vida em que riu desbragadamente com sua parceira (ou parceiro) e para fazê-lo refletir e induzi-lo a ser menos severo e aproveitar o máximo possível as oportunidades para rir.

Obviamente não escrevo comédias. Embora essas histórias me tenham feito rir quando me foram contadas, é muito difícil colocá-las no papel e mantê-las tão divertidas quanto foram quando as ouvi. Sem a linguagem corporal, o riso na voz do narrador e todas as outras nuances que fazem parte de uma boa história, perde-se muito na transposição.

Espero que as histórias tenham servido para provocar a lembrança de tempos em que o riso aproximava vocês dois e para redespertá-los para as alegrias do riso que vocês sentiam quando crianças.

O Plano K.I.S.S.

Partilhar a alegria do riso pode fortalecer e aprofundar seu relacionamento. Mantenha-o especial incorporando o riso a ele, diariamente.

Quer esteja sozinha ou com seu parceiro, procure razões para rir. Mesmo que se veja rindo sozinha, partilhe a história depois com seu parceiro. Se você riu, é muito provável que ele também vá rir.

Ria de si mesma. Lembre-se, a vida não é tão séria quanto tentamos fazê-la ser. Não ligue para suas deficiências. Todos nós as temos. Escreva algumas de suas histórias engraçadas para não esquecê-las.

Brinque com seu parceiro. Não interessa do que, apenas brinque! Goze a liberdade de agir tolamente e saber que ninguém irá lhe dizer para crescer. E se alguém falar, quem se importa?

Finalmente, seja menos severa. Aprenda a olhar a vida como se estivesse olhando através das lentes de uma câmera de vídeo. Assumir uma visão de longo prazo poderá ajudá-la a colocar as coisas em foco. Estou aqui para lhe dizer que, independentemente do que acontecer em sua vida, por mais horrível que possa parecer na hora, chegará um momento em que você poderá achar uma razão para rir do que aconteceu.

Rir com facilidade é realmente um dom. Se você o tem, use-o. Se não tem, aprenda-o.

O DIA DE
24 HORAS

9

Dois Modos de Vida

Um dia tem vinte e quatro horas. Cada dia de nossa vida começa com 86.400 segundos para que façamos o que quisermos. Podemos desperdiçar nosso tempo tolamente, como se fosse dinheiro trocado, ou podemos nos dar conta de que cada momento passado se soma ao valor líquido de nossa vida inteira. A maneira como passamos nossa vida é determinada pelo modo como passamos cada momento precioso e isto é opção nossa.

Acredito que possamos optar por viver nossa vida de uma entre duas maneiras: podemos vivê-la cheios de medo ou podemos vivê-la cheios de amor.

Deixe-me explicar.

No fundo de cada ser humano há um lugar onde existe somente amor. É nesse lugar que estamos conectados a todos e a tudo. É o lugar em que somos puros, completos e sem medo. É o lugar em que sabemos que somos perfeitos exatamente como somos e que qualquer coisa que façamos – *a partir deste lugar* – estará certa. Quando falo, neste capítulo, a respeito de vir de um lugar cheio de amor ou vir de um estado de amor, este é o lugar a que me refiro. Este lugar é nosso núcleo, nossa essência, nossa alma. E neste lugar temos sabedoria e critério para escolher sempre a ação certa.

Também dentro de nós há o medo. Alguns de nossos temores são óbvios para nós: medo das alturas, medo da dor, medo da água. Mas muitos temores são mais sutis. Aprendemos a disfarçar nosso medo, a ignorá-lo, a negá-lo. Com frequência, o medo é disfarçado de maneiras socialmente aceitáveis. Por exemplo, uma pessoa excessivamente agradável (também conhecida como 'capacho') pode ser motivada pelo medo de rejeição. O voluntário para serviços comunitários (também conhecido como o bonzinho) muitas vezes é motivado pelo medo de que não gostem dele. O dirigente da empresa (também conhecido como realizador) pode ser motivado pelo medo do fracasso.

Raramente o medo é evidente a ponto de sentirmos os sintomas físicos clássicos, como suor nas palmas das mãos, coração acelerado e respiração rápida. Em geral, ele é muito mais dissimulado e, no longo prazo, muito mais destrutivo que o terror total que poderíamos sentir, caso nossa vida fosse ameaçada de alguma maneira.

Se você nunca pensou nisso, quero que se conscientize de como vive sua vida. Você a vive com medo, sempre em busca de segurança? Ou vive com amor, sabendo que tem valor e confiando em si mesmo e nos seres amados? Em termos realistas, nenhum de nós está totalmente livre do medo. É normal, até saudável, sentir medo. Mas, para vivermos de uma maneira que ampare nossa vida e a vida daqueles que amamos – na verdade, que apoia o mundo em geral –, precisamos estar conscientes de quando estamos agindo por medo e não por amor. E, estando conscientes, precisamos trabalhar para que mais venha do amor e menos do medo.

Em minha vida, fui mais feliz quando minhas decisões foram tomadas por amor. Comecei a dar meus cursos sobre relacionamentos por puro amor. Eu havia descoberto técnicas e maneiras de me relacionar com meu marido que davam certo para mim e acreditava que podia ajudar outras pessoas a pôr divertimento, romance, entusiasmo e comunicação em seus relacionamentos. Eu iria prestar um serviço valioso e não era importante se ganhasse ou não dinheiro com isso. Eu estava sempre disposta a ficar depois da aula ou a chegar mais cedo se alguém precisasse falar em particular a respeito de um problema que enfrentava. Se alguém quisesse gravar a aula, eu lhe reservava um lugar na frente. Em alguns casos era para uso próprio, mas muitas vezes era para um amigo ou parente que morava longe demais para frequentar minhas aulas e a pessoa queria que ele recebesse as informações diretamente da fonte. Como eu agia por amor, minha única meta era divulgar as informações ao maior número possível de pessoas.

Se eu agisse por medo, minhas decisões teriam sido muito diferentes. Eu não teria permitido que minhas aulas fossem gravadas, temendo que fossem usadas para me tirar o dinheiro de matrículas ou que outra pessoa fosse usar as gravações para dar meu curso. Não só não teria permitido isso, como também teria me irritado com a pessoa que tivesse pedido, sentindo-me enganada quando na realidade nada havia acontecido.

Fico muito satisfeita por ter agido por amor, sem nem mesmo saber que havia outra maneira. Dar aulas era muito divertido e minhas alunas sabiam que eu defendia seus melhores interesses.

Nós nos sentimos muito melhor quando fazemos uma escolha com base no amor do que com base no medo. Mesmo que sua decisão acabe sendo um grande erro, acredito que você nunca irá se arrepender dela. Quando uma pessoa diz: "Pode ser que tenha sido um erro, mas, se eu tivesse que fazer de novo, faria a mesma coisa", ela está se referindo a uma decisão tomada por amor.

Quando comecei a viajar para lançar meu livro, eu não me importava com a quantidade de exemplares vendidos, ou com as listas de *best-sellers* em que ele entrava. Na verdade, quando recebi um telefonema de meu editor cumprimentando-me por meu livro ter sido apontado entre os *best-sellers* no *New York Times*, eu perguntei: "Isso é bom?" Pensei comigo mesma: "Eu preferia estar em uma lista da Califórnia, pois é lá que eu vivo". Eu não tinha ideia de que a lista do *New York Times* era a mais prestigiosa de todas e o sonho de todo autor.

Quando o sucesso foi aumentando, minha atitude começou a mudar. Eu pensava em mim como a autora de *Emoções*, da lista de *best-sellers* do *New York Times*. Preocupava-me com os resultados. Queria saber quantos livros meus estavam sendo vendidos. Queria saber quanto dinheiro estava recebendo, o qual nunca era suficiente. Negociações que costumavam levar um dia agora levavam semanas para ser concluídas. Contratei advogados para impedir que eu fosse enganada em assuntos de dinheiro. A vida transformou-se em uma série de aborrecimentos e frustrações.

Eu me irritava por não ter tempo suficiente na TV ou no rádio. Eu não queria aparecer em apenas um ou dois segmentos, queria que o programa inteiro girasse à minha volta. Acabei ficando mais exigente e difícil de lidar. Eu tinha provado o gosto da fama e da fortuna e queria mais.

Então veio o chamado para despertar, o câncer. Minha vida estava em risco. De repente minha carreira perdeu a importância, enquanto eu reunia todas as forças e meus recursos para combater minha doença. Doente demais para continuar na correria, eu tive muito tempo para refletir sobre minha vida. Vi que uma mudança havia acontecido nos últimos anos. Aquilo que começara como um trabalho de amor tinha me cercado de medo. Eu temia não receber reconhecimento suficiente. Temia não receber dinheiro suficiente. Temia não vender livros em quantidade suficiente. Temia não estar passando tempo suficiente com meu marido e meus filhos.

A verdade era que tudo estava desequilibrado em minha vida. Eu vacilava sob o peso do estresse que havia criado para mim mesma. Depois de um profundo exame de consciência, cheguei à conclusão de que vinha vivendo minha vida baseada no medo. Eu era financeiramente bem-sucedida, mas estava me divertindo muito menos do que no início.

Eu sabia que tinha de mudar meu modo de vida. Sabia que minha vida dependia de encontrar o equilíbrio entre meu corpo, minha mente e meu espírito. Para isso, tinha de monitorar constantemente minhas decisões e examinar minhas motivações. Eu tinha de estar alerta – não em relação a ataques de fora, mas à sabotagem vinda de dentro. Ganância, arrogância e desconfiança – todas características baseadas no medo – precisavam ser substituídas por gratidão, humildade e confiança.

Minha jornada do caos total até um lugar onde houvesse amor foi longa e árdua, mas valeu a pena. Seguir minha carreira ficou novamente divertido. Não me preocupo mais com dinheiro ou fama. Para mim, sucesso significa ajudar o maior número possível de pessoas. Estou mais perto do que nunca da minha família e tenho amigos maravilhosos, que prezarei para sempre. Profissionalmente, estou cercada de boas pessoas que são dedicadas, honestas e íntegras. Sinto um fluxo constante de amor entre o mundo e eu, e a vida voltou a ser boa.

Começo cada dia com uma oração. E todo dia rezo para ter a capacidade de fazer as escolhas com base no amor. Todas as noites eu me dou uma nota. Alguns dias me saio melhor do que em outros. Contudo, posso dizer o seguinte: sempre sei quando errei, porque o que acontece em minha vida reflete meu estado de ser interior. Quando estou vivendo a vida baseada no amor, as coisas parecem fluir naturalmente e sou uma pessoa muito mais feliz.

Pensamentos Receosos Causam Sentimentos Receosos

A maneira pela qual percebemos uma situação controla nossa resposta a ela. Duas situações podem ser exatamente as mesmas, mas uma pessoa sente medo, ao passo que a outra não. Por exemplo, se você se defrontasse com um grande cão que acabara de escapar de um quintal cercado, sentiria medo. Seu cérebro sinalizaria perigo e seu corpo teria automaticamente uma reação de "fugir ou lutar". Sua adrenalina iria fluir, fazendo seu coração bater forte e deixando tensos os seus músculos. Seus pensamentos conscientes poderiam ser "Vou ser atacado" ou "Esse cão vai tirar um pedaço de mim e a dor será insuportável".

Por outro lado, se você já conhecesse esse cachorro e soubesse que ele é manso, seus sentimentos seriam muito diferentes. Você poderia pensar: "Como ele fugiu?" ou "Preciso levá-lo de volta para o dono". Você não teria medo, nem sintomas físicos. Você se sentiria calmo e não perturbado.

Para dar outro exemplo, uma viagem para acampar pode ser esperada com alegria ou temida, dependendo dos seus pensamentos a esse respeito. Caso provoque visões de enormes ursos pretos, cobras e outros bichos, sujeira e desconforto, acampar pode ser algo a ser evitado a qualquer custo. Por outro lado, se evocar pensamentos de sentar em torno da fogueira, dar longas caminhadas e dormir sob as estrelas, poderá ser esperado com prazer.

Lembro-me de uma viagem que meu marido e eu fizemos de Hong Kong à China. Na volta a Hong Kong, tivemos de passar pela alfândega. Estávamos em uma longa fila, que se movia depressa. Meu marido passou sem problemas. Quando chegou minha vez, sorri e mostrei meu passaporte ao funcionário, esperando que ele desse uma olhada rápida e acenasse em aprovação, como tinha feito com as pessoas na minha frente.

Em vez disso, ele olhou para o passaporte, encarou-me de forma desconfortável e chamou um guarda, que iniciou uma busca detalhada em minha bolsa. Comecei a suar frio e tive dificuldade para respirar enquanto meu coração acelerava. No breve período em que o procedimento foi realizado, desenrolei todo um roteiro em minha mente. Imaginei-me gritando "Socorro, socorro, sou inocente! Não fui eu!", enquanto o guarda me levava presa. Talvez alguém tivesse posto alguma coisa ilegal na minha bolsa. Podiam ser drogas, ou mesmo uma bomba. Em qualquer dos casos, eu nunca mais veria meu marido e meus filhos. Enquanto esses pensamentos me passavam pela mente, ouvi o funcionário da alfândega dizer: "O próximo, por favor".

Se me tivessem contado antes de passar pela alfândega que toda quinta pessoa era verificada com um pouco mais de atenção, minha reação teria sido completamente diferente. Teria permanecido calma e despreocupada, sabendo que estava passando por uma busca rotineira. Em vez disso, senti medo e ansiedade devido aos meus pensamentos. Na verdade, eu estava com medo de viajar para um país estranho. Eu tinha ouvido histórias de pessoas serem falsamente acusadas, presas por crimes que não haviam cometido e impedidas de deixar o país. Sem ter a quem recorrer, elas acabaram ficando anos na prisão. Como eu tivera esses pensamentos antes de passar pela alfândega, o menor incidente disparou uma reação de medo.

Lidando com o Medo

O fato de termos consciência de que a forma como encaramos os acontecimentos já nos predispõe a uma determinada reação a eles nos possibilita uma mudança de percepção. Quase todos nós formamos nossa visão com base naquilo que aprendemos quando crianças. Como aos nossos olhos nossos pais podiam tudo e sabiam tudo, acreditávamos naquilo que diziam sem nada questionar. Sem nos conscientizarmos disso, adotamos automaticamente a visão de vida de nossos pais como se fosse nossa. Como em sua maioria as pessoas são movidas pelo medo, é provável que a vida de nossos pais fosse baseada no medo e que essa seja a sua maneira de viver hoje. Como adultos, temos a oportunidade de escolher um caminho diferente. Olhando as coisas de modo diferente, podemos mudar nossa reação a elas.

Viver em estado de medo é roubar de si mesmo prazeres e novas experiências. O mais importante: quando se vive com medo, é impossível sentir uma ligação profunda com os outros, inclusive com seu parceiro.

Mas existe uma maneira de lidar com seus temores que pode aumentar seu nível de consciência e levar a vê-los de outra forma. Seja lá o que você teme, rejeição, fracasso, o desconhecido ou críticas, existe uma maneira eficaz para lidar com isso.

Acredito que, quanto mais você se esforçar para não pensar a respeito de uma coisa, mais ela irá obcecá-lo. Portanto, da próxima vez em que tiver medo, não lute contra ele. Na verdade, quero que você imagine o cenário mais drástico, com detalhes vívidos. Leve a situação para a pior conclusão possível. Então, depois de fazer isso, faça a si mesma as seguintes perguntas:

- Esses pensamentos são destrutivos ou construtivos?
- Esses pensamentos vêm do amor ou do medo?

Caso seus pensamentos sejam destrutivos e estejam vindo do medo, quero que você respire fundo várias vezes para se acalmar e atinja uma sensação de bem-estar. A seguir, quero que crie um novo quadro do que você gostaria que acontecesse.

Lembro-me de ter ficado muito assustada enquanto esperava minha vez para aparecer como convidada do *Oprah Winfrey Show*. Eu teria menos medo se um ladrão estivesse me ameaçando com uma arma.

Um fato interessante a respeito do medo é que nossa reação física é a mesma, independentemente de o ameaçado ser nosso ego ou nosso físico. Não havia ladrão nenhum ameaçando minha vida, somente Oprah e seu público ao vivo, mas meu corpo não sabia a diferença. Meu coração batia acelerado, eu estava suando e minhas mãos tremiam. Afinal, ela poderia destruir minha credibilidade.

Entreguei-me ao medo e imaginei o pior cenário possível.

Eu estava com medo de fazer papel de tola na TV nacional. Imaginei Oprah fazendo uma pergunta que eu não soubesse responder. Oprah gritaria para seu produtor: "Quem escolheu esta convidada?" e o público inteiro começaria a rir. Eu caminharia para fora do palco, roxa de vergonha, querendo me esconder em um buraco. Minha carreira estaria totalmente liquidada. Eu iria me esgueirar até minha casa cheia de vergonha, porque todas as pessoas que conheço teriam presenciado minha humilhação.

Quando terminei minha história catastrófica, respirei fundo e me perguntei:

— "Esses pensamentos são construtivos?" A resposta era não.
— "Eles vêm do amor?" Mais uma vez, a resposta era não.

Assim, mudei meus pensamentos e me imaginei como a convidada perfeita. Respondi a cada pergunta com facilidade. Oprah, bem como todo o seu público, concordava com tudo o que eu dizia. Com esses pensamentos construtivos, eu consegui entrar no palco confiante. A propósito, meus pensamentos positivos mostraram ser muito precisos. Foi um ótimo programa e uma experiência maravilhosa.

Tenho usado o mesmo exercício antes de entrar em um avião. Antes do meu primeiro circuito promocional eu havia voado poucas vezes, e sempre com meu marido. Quando soube que teria de voar de uma cidade para outra todos os dias durante duas semanas, fiquei ansiosa. Comecei a imaginar o pior cenário possível. Racionalmente, eu sabia que era mais seguro andar de avião do que de carro, mas não conseguia evitar o medo e o pensamento do avião caindo. Para ficar calma, respirei fundo algumas vezes e imaginei a jornada tranquila, o serviço de bordo maravilhoso e a conversa agradável com a pessoa sentada ao meu lado. Visualizei uma aterrissagem perfeita e me imaginei saindo do avião com um sorriso nos lábios. Com esses pensamentos mais construtivos, consegui embarcar no avião.

Jenny, uma de minhas alunas, conseguiu usar essa técnica de maneira semelhante. Ela havia sido promovida recentemente para o cargo de gerente de vendas regional da sua empresa. Ela era responsável por um grande território e teria de dirigir muito. A primeira vez que precisou dirigir por uma longa distância, Jenny começou a entrar em pânico. Lembrou do que eu lhe havia dito e não tentou afastar o medo. Em vez disso, começou a imaginar o pior cenário possível. Ela poderia ficar sem gasolina. Um pneu poderia furar ou o carro enguiçar no meio de lugar nenhum e ela morreria de fome e sede. Ou ela seria assaltada e espancada por um ladrão oportunista. Jenny se deu conta de que seus pensamentos eram destrutivos e vinham do medo. Ela sabia que, se continuasse com eles, não poderia fazer seu trabalho. Então, respirou fundo algumas vezes, como tinha sido ensinada a fazer, e imaginou uma viagem perfeita. Ela visualizou paisagens interessantes, o som de boa música enchendo o carro e um sentimento de liberdade enquanto cruzava a estrada, longe das interrupções do telefone. Sua capacidade de visualizar o resultado desejado lhe possibilitou dirigir sem medo.

O Medo em Relacionamentos

Em um relacionamento com compromisso, as decisões tomadas por você e seu parceiro irão guiar a vida do casal. Seja para comprar uma casa, ter um filho ou mudar de carreira, suas decisões irão afetar a dinâmica do relacionamento. Se você tomar suas decisões com base no medo, seu relacionamento será assombrado por inseguranças, ansiedade e energia negativa. Se tomar suas decisões com base no amor, seu relacionamento será tocado somente por afeto, segurança e confiança.

Se você tem dificuldade para tomar determinada decisão, é provável que haja algum tipo de medo envolvido. Para tomar a melhor decisão possível, dê os seguintes passos. Primeiro, pergunte a si mesma: "Do que estou com medo?" Pode ser medo de perder dinheiro, medo de não conseguir fazer sozinho, medo do insucesso, medo de desapontar alguém, medo de não ser mais amada ou medo de perder um ser amado. Portanto, em primeiro lugar, quero realmente que você assuma aquilo que teme.

Em seguida, quero que você se pergunte: "Se eu fosse movida pelo amor, se soubesse que estava completamente segura, que meus instintos eram confiáveis e meus motivos eram sinceros, como reagiria e o que diria ou faria?" A resposta a essa pergunta às vezes é muito diferente daquilo que você normalmente faria ou diria, mas ela será a resposta certa.

Tenho ajudado muitas pessoas usando essa técnica. Uma delas foi Monica, que certa noite chegou à classe muito perturbada. Ela me contou que na véspera o marido havia chegado do trabalho e anunciado orgulhosamente que a empresa estava dobrando seu salário, nomeando-o vice-presidente de um novo banco e mudando sua família da Califórnia para o Arizona.

Monica disse que só conseguia pensar em como iria se sentir solitária se tivesse que deixar os amigos e a família. Ela não conseguia se imaginar lidando com seu filho de nove meses sem a ajuda da mãe. Ela não conhecia ninguém no Arizona e não tinha facilidade para fazer amigos. Chorou a noite inteira e, pela manhã, disse a Peter que não queria ir. Peter foi trabalhar sem dizer nada. Eles não tinham se falado quando ela veio para a aula no fim de tarde.

Pedi a Monica que descrevesse o pior cenário possível, incluindo todos os seus temores. E ela fez um bom trabalho. Descreveu-se chorando todos os dias sentada em sua casa solitária, com o bebê chorando. Ela sentia-se isolada, deprimida e zangada.

Perguntei se seus pensamentos eram construtivos e vinham do amor.

Ela disse: "Não, e eles estão me fazendo mal".

Pedi que ela imaginasse que estava sendo movida pelo amor, em um lugar em que estava salva e segura e onde todos os seus pensamentos eram construtivos. A seguir, perguntei o que ela faria ou diria caso se sentisse bem daquela maneira. Ela me olhou como se eu estivesse louca e disse: "Mas não estou me sentindo salva e segura. Estou com medo".

Eu disse: "Sei disso, mas se você fosse movida pelo amor, e não pelo medo, o que faria? Imagine só por um momento".

Monica disse: "Bem, se eu me sentisse salva e segura, então estaria entusiasmada com a mudança. Diria ao meu marido o quanto estava orgulhosa dele e como essa oportunidade seria maravilhosa para nós. Se não estivesse com medo, estaria entusiasmada com a ideia de comprar nossa primeira casa, porque os preços no Arizona são muito mais baixos que na Califórnia".

Fiz o possível para convencer Monica de que sua decisão deveria provir do amor, em que prevalece a fé, e não do medo. Fico feliz em dizer que Monica e Peter se mudaram para o Arizona. Mais tarde, ela me escreveu contando que havia se matriculado em uma escola de natação onde fazia aulas com seu bebê e que fez novas amizades.

Eles compraram uma casa em um bom bairro e o casal de aposentados que morava ao lado adorava ajudar a cuidar da criança.

Se Monica tivesse tomado sua decisão baseada no medo, nunca teria saído da sua zona de conforto e experimentado uma nova aventura, e seu relacionamento teria sido prejudicado, se não fosse destruído completamente.

Outra aluna contou que ela e o marido estavam lutando com uma decisão financeira. "Se tivéssemos uma bola de cristal, essa decisão seria muito mais fácil de tomar", lamentou ela.

"Bem, ninguém tem bola de cristal", respondi. "Então conte qual é o problema e veremos como resolvê-lo."

Darlene descreveu a situação. Ela e Gary, seu marido, haviam se aposentado recentemente e viviam de uma renda fixa. Eles acharam necessário cortar as despesas e alugaram a casa da cidade por um bom preço, a um casal de confiança. Como alternativa, decidiram viver no chalé das montanhas, que já estava pago. Porém, o chalé era velho e pequeno demais para ser confortável. A decisão com a qual Gary e Darlene estavam lutando era se deveriam gastar ou não uma quantia substancial, para reformar o chalé e torná-lo mais confortável.

Pedi que Darlene imaginasse o pior cenário possível. Puxa, ela caprichou!

"Está certo. Fizemos um empréstimo para reformar a cabana. Gary morre e minha renda é reduzida pela metade. Não tenho dinheiro para pagar o empréstimo e perco o chalé. Não ganho o suficiente para morar na casa da cidade e, portanto, vendo-a, mas sofro um grande prejuízo porque o mercado imobiliário está em baixa. Fico doente, não posso trabalhar e acabo usando um carrinho de supermercado como armário e vivendo em parques públicos."

Quando ela terminou, eu pedi que respirasse fundo algumas vezes e descrevesse o cenário que desejava. Ela também se saiu muito bem.

"Tomamos um grande empréstimo a uma taxa de juros ridiculamente baixa, achamos um ótimo empreiteiro que entende nossas necessidades e é um perfeccionista; Gary e eu nos divertimos discutindo as diferentes opções e resolvendo os problemas que surgem; consigo comprar aquela pia antiga na qual estava de olho porque ela combinará perfeitamente com o banheiro reformado, e recebemos uma soma inesperada para ajudar a pagar o empréstimo."

A seguir, perguntei a Darlene o que ela faria se deixasse de lado todos os temores e tomasse sua decisão movida pelo amor, em que estava salva e segura.

"Eu teria fé que tudo daria certo e começaria a analisar empréstimos e a entrevistar empreiteiros", respondeu Darlene. Ela e Gary decidiram ir em frente com a reforma e, consequentemente, as coisas têm acontecido como Darlene as visualizou.

Lembro-me de ter ajudado um homem chamado Ned a enfrentar um dilema no qual havia sido apanhado. Ned explicou que havia passado as últimas noites discutindo com a namorada se ela deveria comparecer à reunião de décimo aniversário de formatura do seu colégio. Ela tinha pedido que ele fosse junto, mas ele recusou, por achar que aquilo era uma perda de tempo e de dinheiro. Ele teria de pagar a passagem aérea, cinquenta dólares pela reunião (por um jantar de dez dólares, acrescentou), beber um pouco, falar com pessoas que não conhecia, pagar por um quarto de motel e voltar para casa no dia seguinte. Ela havia dito que seria divertido, mas ele não concordava. Mesmo que ela se divertisse, ele se sentiria um estranho. Ela estava sendo egoísta e não estava pensando nele.

Quando perguntei à classe se Ned estava sendo movido pelo amor ou pelo medo, todos disseram que era pelo medo. Ned ficou chocado e discordou. Ele disse que não estava com medo. Só achava que a ideia da namorada era tolice.

Demorou um pouco até Ned ver finalmente que estava com medo de perder a namorada. Ele temia que, depois de um fim de semana divertido com os colegas de classe, ela poderia achar que ele era quieto demais e pouco divertido como companhia. Ele também se sentia ameaçado pelo fato de que ela se encontraria com vários ex-namorados e ele poderia não ser capaz de competir com eles. Quando ele finalmente reconheceu seu medo, perguntei o que faria se fosse movido pelo amor. Ele disse que se aquilo era tão importante para ela, então o gesto amoroso seria ir com ela. Ele sabia que ela o amava e que nunca lhe dera motivo para sentir ciúmes. O dinheiro não era realmente um problema, apenas uma cortina de fumaça.

Estive com Ned depois que eles voltaram da reunião. Ele disse que tinham se divertido tanto que planejavam ir à próxima reunião como marido e mulher.

Medo de Ser "Menos-que-Perfeito"

Muitas pessoas permitem que sua má imagem corporal as afaste da felicidade. Temos sido expostos a ideais sobre a forma e o rosto tão fora da realidade que é preciso um esforço sobre-humano para superar o medo de ser "menos-que-perfeito". Rostos e corpos perfeitos estão em toda parte. Revistas, TV e filmes glorificam rostos perfeitamente esculpidos e corpos definidos. É bom ser uma pessoa bonita, mas certamente isso não é necessário para um relacionamento feliz. Se fosse, só as beldades que vemos nas telas teriam relacionamentos. Os velhos ditados "A beleza não é profunda" e "Belo é o que se faz" valem hoje tanto quanto no tempo das nossas avós.

À medida que envelhecemos, muitas de nós temem não ser mais fisicamente atraentes para os companheiros. Afinal, raciocinamos, como poderia alguém amar nossas rugas, nossa pele flácida e nossos corpos desgastados? Na verdade, o amor não desaparece quando envelhecemos. Acontece o oposto. Quando você ama alguém realmente, ama essa pessoa de dentro para fora. A beleza interior dela aumenta e se aprofunda com a idade. Cada sulco, cada ruga e estria representa o tempo precioso que vocês passaram juntos e as lembranças que dividiram. Aceitando seu corpo com todas as suas imperfeições, você está aceitando a si mesma.

Todos nós podemos aprender uma lição valiosa com Bonnie, uma mulher que conheci em um dos grupos de apoio a pessoas com câncer.

Ela sofrera recentemente uma mastectomia e, embora sua recuperação física tivesse sido completa, emocionalmente ela se confessava assustada. Ela contou-me que não se sentia mais *sexy* e que Leonard, seu marido, estava agindo de forma diferente com ela. Bonnie revelou que ele não a olhava mais quando ela estava se despindo. Ele ficava a maior parte do tempo fora do quarto, até que ela estivesse na cama sob as cobertas. Ele também evitava tocá-la e abraçá-la. Ela contou que antes da cirurgia eles gostavam de se beijar e se abraçar, mas agora parecia que os beijos dele eram dados por obrigação e pareciam muito superficiais. Não havia nenhum contato corporal.

"Ele obviamente me acha repulsiva", lamentou Bonnie. "Não temos mais vida sexual e, para falar a verdade, eu não o culpo. Por que um homem iria querer uma mulher mutilada?"

Depois de confortá-la, pedi que ela fizesse uma experiência. Eu queria que ela fingisse ser a mulher mais sensual, amorosa, grata e sedutora. Ela deveria se tornar uma atriz incrível. "Isso é loucura", respondeu ela. "Não posso fazer isso com a aparência que tenho e sentindo o que sinto."

"Tente, por favor", pedi. "Sei que você está com medo de ser rejeitada porque não se sente fisicamente atraente. Quero que descubra por si mesma que isso não é verdade. Você nunca irá se sentir de outra maneira, a menos que arrisque e se comporte de outra forma. Quero que você se pergunte: 'Como eu agiria se estivesse completamente segura e vindo de um lugar muito seguro, protegido e cheio de amor? O que faria ou diria de diferente?' Sei que o que estou pedindo é assustador, mas viver como você está vivendo agora é mais aterrorizante".

Quando vi Bonnie de novo algumas semanas depois, ela parecia radiante. Quando perguntei se havia seguido minha sugestão, ela riu e disse: "Como eu estava errada. Estou tão feliz por ter seguido seu conselho!" Então ela contou alguns detalhes.

"Preparei um jantar especial, com vinho, música suave e à luz de velas, e depois do jantar pedi que Leonard se sentasse a meu lado no sofá. Voltei-me para ele e disse: 'Por favor, querido, me abrace. Preciso realmente sentir seus braços à minha volta. Senti tanto sua falta. Sinto falta do seu corpo encostado no meu'.

"Quando ele não respondeu imediatamente, meu coração gelou. Então eu o ouvi dizer: 'Mas eu tenho medo de abraçá-la porque não quero machucá-la'.

Leonard chorou quando contou a Bonnie como havia tentado confortá-la algumas semanas depois da cirurgia. Quando tentou abraçá-la, ela tinha gemido de dor e pediu a ele que parasse. Ele não tinha percebido que a incisão era tão sensível. Ele disse que se sentiu um bruto e certamente não queria lhe causar mais dor. E tinha decidido não mais tocá-la nem tentar acariciá-la até que ela dissesse que estava tudo bem.

Era por isso que ele não a beijava apaixonadamente e ficava no seu lado da cama, em vez de abraçá-la como costumava fazer antes. A razão pela qual ele não a olhava quando ela estava se despindo era porque não queria deixá-la constrangida.

"Entendi tudo ao contrário", disse Bonnie. "Eu queria acreditar que ele me amava, mas era muito difícil porque eu me sentia mutilada. Queria estar perto dele e sofria quando ele me dava as costas. Nunca me ocorreu que ele temesse me machucar.

"Estou muito feliz por você ter me encorajado. Quando penso no tormento que passamos, entendo que desperdiçamos tempo precioso."

O amor de Leonard por Bonnie tinha se tornado mais profundo devido à cirurgia, e não diminuído.

Medo de não Estar à Altura

Muitas pessoas têm medo de ser inadequadas e estão lutando constantemente para estar à altura daquilo que – na sua opinião – os outros esperam delas. O que elas não entendem é que, por mais que tentem, elas nunca conseguirão a aprovação que buscam. Quando vivemos nossa vida com base no amor em vez do medo, não precisamos da aprovação alheia para nos sentirmos seguros. Nossa aprovação é suficiente. Quando nos concentramos em satisfazer as expectativas dos outros e ignoramos as nossas, estamos ignorando uma regra básica de sobrevivência. Lembro-me de um aluno que descobriu isso pelo método difícil.

O pai de Stephen, que era médico, esperava que o filho fizesse medicina. Quando Stephen decidiu ser marceneiro, o pai retirou seu amor e sua aprovação.

Stephen passou muitos anos tentando revelar-se para o pai e reconquistar seu amor. Pouco depois de se casar, Stephen conseguiu um grande projeto de reforma. Ele se saiu muito bem nesse trabalho e logo entraram outros projetos.

"Quando comecei a fazer estantes, lareiras e escadarias para casas de milhões de dólares, eu tive certeza de que meu pai ficaria impressionado, mas mesmo assim não recebi nenhuma aprovação por parte dele", disse Stephen.

Além dos trabalhos de marcenaria sob medida que fazia, Stephen começou a trabalhar quarenta horas por semana para uma empreiteira. Ele estava trabalhando em média setenta horas por semana.

"Eu sabia que estava exagerando", disse Stephen, "mas não conseguia parar."

Dois anos depois de terem se casado, Stephen e Cheryl, sua mulher, tiveram um filho.

"Eu me sentia uma mãe solteira", disse Cheryl. "Eu leciono em tempo integral em uma escola secundária, no centro da cidade. Entre cuidar do bebê, lecionar e a carga insana de trabalho do Stephen, eu estava à beira de um esgotamento nervoso. Nosso casamento estava sofrendo e eu estava pensando seriamente em deixá-lo."

Alguns meses depois, o nível de estresse de Cheryl aumentou quando o empregador de Stephen fechou a construtora e o pai dela morreu de um ataque do coração... tudo no mesmo dia. Em vez de encarar a perda do emprego como uma oportunidade para desacelerar, Stephen preencheu seu tempo ocioso com mais trabalhos sob medida, até estar de novo trabalhando setenta horas por semana. "Eu não queria que meu pai pensasse que eu havia fracassado", disse ele.

Foi quando estava reformando o lado desocupado de seu apartamento dúplex que Stephen recebeu o alerta que salvaria seu casamento. Ele já tinha trabalhado dez horas quando chegou em casa às cinco da tarde para jantar rapidamente e cortar a grama antes de voltar à reforma. Lá pelas dez da noite, ele estava exausto e forçando-se para terminar uma tira de acabamento para o forro da sala de jantar. Enquanto preparava sua serra para cortar um pedaço de madeira, ele foi vencido pela fadiga.

Embora achasse que estava segurando firmemente a serra, Stephen nunca irá esquecer o momento em que ela saltou e feriu o polegar da sua mão esquerda. Stephen segurou o dedo e gritou por Cheryl.

"Não chegou a ser um grito", disse Cheryl. "Parecia mais um ganido. Eu não consegui imaginar o que estava errado até abrir a porta e ver

Stephen em pé no meio de uma poça de sangue." Stephen passou as horas seguintes na cirurgia, para o reimplante do seu dedo.

"Uma vez reconectado meu polegar, decidi que estava na hora de Cheryl e eu fazermos o mesmo", disse Stephen. "Eu sempre tivera medo de não estar à altura das expectativas do meu pai. Mas, depois do acidente, jurei viver minha vida de uma forma amorosa, aceitando a mim mesmo como eu era."

Sempre que Stephen começa a se preocupar com o que o pai pensa dele, ele simplesmente dá uma olhada no polegar esquerdo para se lembrar de que não precisa da aprovação de ninguém, exceto da sua.

Medo de Dizer a Coisa Errada

Algumas vezes, nos distanciamos de uma pessoa que enfrentou uma morte, perda ou doença, por medo de dizer a coisa errada ou de não saber o que dizer. Não queremos nos embaraçar e, assim, ficamos distantes.

Matt contou-me que fez exatamente isso quando morreu a mãe da sua namorada. "Eu não sabia o que dizer para fazê-la sentir-se melhor; assim, deixei-a sozinha", disse ele. "Algumas semanas depois, ela rompeu comigo porque eu me afastei quando ela precisava de mim."

Matt admitiu que tinha ficado com medo de dizer coisas erradas.

Quando perguntei o que ele teria feito se agisse por amor e não por medo, Matt disse imediatamente: "Eu teria estado com ela, segurando-a e abraçando-a, e fazendo com que soubesse o quanto gostava dela".

Lá no fundo conhecemos o gesto amoroso que faríamos, se conseguíssemos nos livrar do medo e confiar em nós mesmos.

Medo de Correr Riscos

Outro aluno lamentou por não ter aproveitado uma oportunidade para investir em seu próprio negócio. Chris tinha um bom emprego, uma renda estável e conseguia pagar suas contas. Ele havia aprendido cedo na vida a "se sustentar em primeiro lugar" e por isso poupava tudo o que podia, mas temia que aquilo nunca seria suficiente para as necessidades dele e da mulher quando ele se aposentasse.

Em determinado momento, Chris e Bette tiveram a oportunidade de comprar uma sorveteria.

"Eu vi a sorveteria como uma oportunidade real para nossa aposentadoria", disse Bette. "Eu estava entusiasmada para entrar nos negócios com Chris, mas ele não quis arriscar perder nossas economias. Decidimos não comprar."

"Tudo o que eu tinha economizado teria sido usado para começarmos o negócio", disse Chris. "Levamos muitos anos para poupar alguns milhares de dólares e eu tinha muito medo de perder tudo."

O medo de Chris, de não ter dinheiro suficiente para se aposentar, impediu que ele fizesse um investimento em seu futuro. Seu medo era uma profecia autorrealizadora. Ele não investiu, seu dinheiro não cresceu e ele não teve dinheiro suficiente para se aposentar. Se Chris tivesse sido capaz de confiar em seus instintos, teria achado uma forma de ganhar mais dinheiro. Ele teria confiado na capacidade, dele e da mulher, para fazer da sorveteria um sucesso, ou teria estudado, tido aulas e procurado conselhos sobre como fazer um bom investimento. Em vez de criar as circunstâncias que temia, ele teria criado as circunstâncias que desejava.

A Escolha É sua

Quando vivemos em estado de medo e todas as nossas ações reafirmam o medo, aquilo que tememos provavelmente se manifesta.

Quando vivemos em estado de amor e todas as nossas ações apoiam o amor, aquilo que desejamos provavelmente se manifesta.

Vamos examinar alguns pensamentos temerosos, as ações que os corroboram e os resultados. Em seguida, examinaremos os pensamentos amorosos, as ações que os confirmam e os resultados.

Pensamento temeroso: Tenho medo de deixar meu emprego que não me dá perspectivas.
Ação temerosa: Você nunca se dispõe a empregar energia para manter relacionamentos e fazer entrevistas.
Resultado temeroso: Você fica no emprego onde se sente insatisfeito e mal remunerado.

Pensamento amoroso: Acharei uma maneira de explorar as oportunidades de um novo emprego.
Ação amorosa: Você faz relacionamentos, prepara seu currículo e faz entrevistas para várias posições.
Resultado amoroso: Você consegue um emprego com maior potencial de crescimento e renda maior.

Pensamento temeroso: Meu companheiro vai me deixar.
Ação temerosa: Você age com insegurança, tornando-se ciumenta e carente.
Resultado temeroso: O desespero é um fator tão negativo que seu parceiro acaba deixando você.

Pensamento amoroso: Quero que nosso amor dure para sempre.
Ação amorosa: Você trata seu parceiro com carinho e respeito.
Resultado amoroso: Seu parceiro adora ficar com você.

Pensamento temeroso: As pessoas irão descobrir que não sou suficientemente inteligente.
Ação temerosa: Você nunca dá sua opinião, nem discorda de ninguém. Não frequenta cursos para se aperfeiçoar.
Resultados temerosos: Você fica estagnada e reforça sua opinião a seu próprio respeito.

Pensamento amoroso: Preciso aprender muito.
Ação amorosa: Você continua seus estudos, participa de discussões e faz perguntas.
Resultado amoroso: Você cresce e desenvolve novos interesses.

Pensamento temeroso: Detesto ir a festas com meu parceiro. Tenho medo de não conhecer ninguém e de me sentir só e abandonada.
Ação temerosa: Você nunca vai a festas com seu parceiro. Ele acaba indo sem você.
Resultado temeroso: Você se sente só e abandonada.

Pensamento amoroso: É bom conhecer pessoas.
Ação amorosa: Você vai às festas mesmo sem conhecer ninguém.
Resultado amoroso: Você conhece novas pessoas e você e seu parceiro fazem novos amigos.

Tenho certeza de que você pode acrescentar muitos temores à lista anterior. Todo mundo tem temores. Ninguém é imune a eles. Podemos controlar nossos temores e agir em um estado de amor, ou podemos viver em estado de medo e nos arriscar a arruinar nossos preciosos relacionamentos.

Seu medo sempre será um empecilho para um relacionamento amoroso sadio. Ter medo em um relacionamento significa se isolar, se defender, se guardar, se proteger e tomar tudo o que puder. Ser amoroso em um relacionamento significa se arriscar, se expor, ser acessível, vulnerável e dar tudo o que puder.

A escolha entre viver com medo ou com amor é sua e deve ser feita a cada dia da vida.

Qualquer dos estados é uma profecia autorrealizadora, significando que terei o que espero; portanto, opto por viver o resto da minha vida tomando cada decisão com base no amor.

Sei que se você também preferir o amor ao medo, sua vida será mais compensadora do que você pode sonhar.

Gratidão

O segredo para vivermos em um estado amoroso é sermos gratos por aquilo que temos. Alguns de nós consideramos os dons que recebemos como normais e deixamos de dar valor a eles. Da próxima vez que você se sentir deprimida, quero que tire cinco minutos para pensar a respeito de como sua vida é milagrosa e experimentar a gratidão produzida por testemunhar um milagre.

- Você respira por si mesma? Neste momento, existem pessoas que precisam de máquinas para ajudá-las a respirar.
- Quando acordou esta manhã, você conseguiu ouvir o despertador? Ouviu os pássaros cantando, o vento soprando, o ruído do circulador de ar? Há pessoas que são surdas e não podem ouvir nada disso.

- Você fala? Pode gritar, sussurrar ou cantar uma canção? Há pessoas que nunca serão capazes de usar suas cordas vocais.
- Olhe à sua volta. Você consegue ver as nuvens, o céu azul, a grama, as flores e as árvores? Há pessoas que só veem a escuridão. Elas são cegas e não podem ver a beleza da natureza.
- E quanto às suas pernas? Você pode caminhar, pular e rastejar? Há pessoas confinadas a uma cadeira de rodas pelo resto da vida.
- Você teve dinheiro para comprar comida hoje? A maior parte do mundo não tem programas de bem-estar social nem seguro social. Na verdade, um terço das pessoas do mundo irá dormir com fome hoje.
- Você tem onde morar? Em todo o mundo, há homens, mulheres e crianças que não têm lar.
- Você tem contas para pagar? Isso significa que alguém confiou em você o suficiente para lhe dar um produto ou serviço antes de ser pago. Há muitas pessoas que não têm crédito e nada podem obter sem dinheiro nas mãos.
- Você tem uma poupança? Isso significa que conseguiu deixar de lado algum dinheiro extra para os dias de chuva. Há muitas pessoas que não têm dinheiro para o dia de hoje.

Pense apenas na sorte que você tem de poder usar seus lábios para beijar, seus braços para abraçar, seus ouvidos para ouvir, sua voz para falar e seu corpo para fazer amor.

O Plano K.I.S.S.

Seu relacionamento é uma bênção. Mantenha-o especial demonstrando sua gratidão todos os dias.

Esta é a sua última tarefa. Quero que você reflita sobre sua vida e as decisões que tomou. Qual foi sua razão para se casar, ter filhos, mudar de casa, mudar de emprego, comprar uma nova casa? As decisões que tomou vieram do medo ou do amor?

Examine as decisões que você precisa tomar hoje. Pergunte-se: "Meus pensamentos são construtivos e vêm do amor ou são destrutivos e vêm do medo?" Lembre-se: Quando surgirem pensamentos temerosos, não lute contra eles. Vá em frente e imagine o pior cenário possível. A seguir, respire fundo e crie um novo quadro daquilo que deseja que aconteça.

Aprendi que o medo paralisa e o amor dá energia. Sempre que se sentir dominada pelo medo ou por pensamentos negativos, releia a seção sobre gratidão. Quando você aprender a ser grata por aquilo que tem, em vez de temerosa e zangada por aquilo que não tem, a vida com amor virá naturalmente.

Para as próximas vinte e quatro horas, faça a opção de viver em estado de amor. Sei que se você fizer isso continuará a viver dessa maneira pelo resto da vida.

CONCLUSÃO

Sem Arrependimentos

Quando comecei a escrever este livro, eu tinha acabado de fazer um comercial. A produtora viajou pelos Estados Unidos entrevistando pessoas que tinham ouvido meus programas em fita cassete. Elas foram escolhidas por causa das cartas que me haviam escrito a respeito das mudanças incríveis ocorridas em sua vida, em consequência dos meus programas em fita. Duas semanas depois de feito o comercial, recebi uma carta de Harriet, que tinha aparecido no programa com seu marido amado. Imagine minha tristeza quando li isto:

> *Sinto informar que meu marido morreu subitamente em 11 de março, de um infarto. Quero que saiba que serei para sempre grata por sua sabedoria. As informações que recebemos nos ajudaram a partilhar prioridades, paixões e romance em uma dimensão que nunca tínhamos conhecido antes. Seu programa foi uma revelação para meu marido e eu mudarmos de estilo de vida.*
>
> *Nós nos conhecíamos desde a terceira série e estávamos casados há trinta e quatro anos. Nunca houve mais ninguém em nossa vida; contudo, sentimos que nosso relacionamento saiu de um porão escuro e úmido para a luz de um dia quente de verão. Sentirei falta da alegria*

do sorriso dele, do seu amor gentil e do calor e segurança do seu abraço. Sempre lembrarei com prazer o amor que dividimos e as lembranças que criamos juntos nos últimos cinco meses, por causa do seu programa. Ele me deu amor suficiente para toda uma vida.

Muito obrigada por partilhar seu dom de ensinar amor e romance com quem necessita.

De todo o coração – Muito obrigada.

Harriet me deu permissão para reproduzir neste livro sua carta, na esperança de que as pessoas que a leiam percebam que a hora de fazer com que as coisas melhorem é agora. Não sabemos quanto tempo ainda ficaremos juntos.

Linha de Referência

Alguns de vocês não seguiram nenhum dos Planos K.I.S.S. do final de cada capítulo. Talvez você tenha achado que está muito cansado, ocupado, nervoso, acima do peso, velho ou assustado demais para executar as tarefas. Você diz que tentará algumas sugestões do Plano na semana que vem, no mês que vem, no ano que vem. Sempre achamos que haverá um amanhã. Na verdade, algumas pessoas vivem de acordo com a frase de Mark Twain: "Nunca deixe para amanhã aquilo que você pode fazer depois de amanhã". Ouça o que digo: não deixe de lado seu relacionamento por nem mais um minuto; a verdade é que a pessoa que você ama pode não ter um amanhã.

Uma das habilidades que me fez continuar é que sempre tive uma linha de referência. Sempre que as coisas saíam de controle e eu me sentia exausta, dizia para mim mesma: "Olhe, Ellen, este não é um caso de vida ou morte; portanto, acalme-se!" Isso funcionou bem na maior parte das vezes. Certamente, funcionou quando tentei ensinar meus filhos a fazer pipi no lugar certo, quando tinha uma desavença com um vizinho ou quando tinha um prazo a cumprir.

Quando recebi o diagnóstico de câncer de mama, perdi minha referência; ela tornou-se inútil. Aquela era uma situação de vida ou morte. Eu não tinha mais uma referência e estava em pânico.

À medida que aprendi a viver com minha doença, descobri uma nova referência: ninguém sabe se haverá amanhã. Eu costumava pensar que as pessoas que morriam subitamente de um ataque do coração ou de um acidente tinham a sorte de morrer instantaneamente. Não penso mais assim.

Hoje, quando ouço sobre alguém que morreu em um acidente de carro ou de avião, ou assassinado em um crime sem sentido, eu me pergunto o que essa pessoa teria dito e feito de diferente nos dois últimos anos, nos dois últimos dias ou nas duas últimas horas, se soubesse com certeza absoluta que sua vida iria acabar naquele determinado dia.

Gostaria de poder lhe dar o mesmo senso de urgência que sinto. Você não sabe de quanto tempo dispõe para amar seu parceiro como ele merece. Não deixe passar mais um dia sem pôr em ação o Plano K.I.S.S. aqui apresentado:

- Beije por pelo menos 10 segundos – todos os dias.
- Elogie ao menos uma coisa que seu parceiro disse ou fez – todos os dias.
- Fale com ele e ouça-o por 30 minutos – todos os dias.
- Abrace-o por 20 segundos – todos os dias.
- Permaneçam sexualmente conectados.
- Planejem uma fantasia um para o outro.
- Façam amor a qualquer momento que surja o desejo.
- Riam juntos – todos os dias.
- Tomem todas as suas decisões com base no amor.

Estamos aqui por tão pouco tempo que é fundamental fazer com que esse tempo seja importante. Não viva uma vida repleta de arrependimentos. Ame como se não houvesse amanhã, porque, no final, o amor é a única coisa que conta.

Eu adoraria saber de algumas mudanças maravilhosas que aconteceram quando você colocou em prática o que acabamos de comentar. Quem sabe sua história possa aparecer em meu próximo livro!

LHF Enterprises, Inc.
P. O. Box 1511
Lake Forest, CA 92630

Sei que você gostará de visitar nosso site em
www.lightyourfire.com